小1かん字 ときめき♥シール

おべんきょうチェック☆シール

※お
※べ

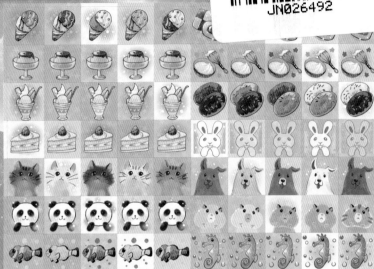

キャラクター☆シール

おべんきょうチェック☆シート

できたら シールを はろう!

スタート

いっしょに たのしく べんきょう しようね。

6 けえきと クリィムが おいしそう☆

5

4

3

2

1

26

27

28 きれいな いろの うみの 生きもの♪

29

30

31

32

33

34

35

36

37

38

39 どおなつ クッキーを たべて きゅうけい☆

40

41

42

43

かんじの れんしゅうが すすんで きたね。

よりぬきじてん

	おん	くん
人	ジン・ニン	ひと
水	スイ	みず
正	セイ・ショウ	ただ(しい)・ただ(す)・まさ
生	セイ・ショウ	い(きる)・い(かす)・い(ける)・う(まれる)・う(む)・お(う)・は(える)・は(やす)・き・なま
夕	セキ	ゆう
先	セン	さき
早	ソウ・サッ	はや(い)・はや(まる)・はや(める)
足	ソク	あし・た(りる)・た(る)・た(す)
大	ダイ・タイ	おお・おお(きい)・おお(いに)
中	チュウ・ジュウ	なか
天	テン	あめ・あま
田	デン	た
土	ド・ト	つち
日	ニチ・ジツ	ひ・か
木	ボク・モク	き・こ
名	メイ・ミョウ	な
目	モク・ボク	め・ま
立	リツ・リュウ	た(つ)・た(てる)
力	リョク・リキ	ちから
林	リン	はやし

字コレクション

手	出	上	森
見	口	山	車
玉	金	空	月
花	字	気	休
雨	円	音	火

本冊の れんしゅうページ

かん字を かく れんしゅう するよ！ よこに ある かきじゅんを 見ながら かこう☆

かん字の よみと れんしゅうするよ。かきと よみが できたら おうちの 人に こたえあわせを してもらおう♪

おたしかめの ページ

かん字を ちゃんと おぼえているか つけよう☆ まちがえちゃった かん字を まとめて しょうかいするよ！

かん字の ちからだめしに チャレンジ！ たのしく かん字を おぼえちゃおう♪

れんしゅうの ページ

これまでに おぼえた かん字を ふくしゅうするよ！ まんてんを めざして がんばろう♪

おうちのかたへ

★ 漢字の読みでは、常用として扱われるすべての読みを記載しています。★が付いた読み方は、小学校では習わない読み方です。

★ 漢字の問題ができたら、答え合わせをしてあげてください。とめ、はね、はらいなどがしっかりできているか、確認してください。

★「かんがえる 力を つけよう」のページは、漢字を使った思考力を問う問題を扱っています。漢字の読み書きだけでなく、考える力を養います。

おとなの まほうつかいに なりたい 女の子たちの おはなし

まほうの国に すむ かがやく なかまたちが やってくるよ。

いっしょに がんばる おともだち

この 本に たくさん 出て くる おともだちだよ。いっしょに がんばろう！

アイリス
・まほうつかいみならいの ちょっと クールな 女の子。
・音がくや どくしょが すき。

ララ
・アイリスの お花に まもられて いるの。
・ものしりで かしこい 女の子。

ダリア
・まほうつかいみならいの げんきな 女の子。
・スイーツや スポーツが 大すき！

モカ
・ダリアの お花に まもられて いるよ。
・ちょっと おてんばな 女の子♪

シエル
・みんなの おにいさんてき そんざい。
・こまった ときに そっと たすけて くれるよ。

けいさんや アルファベット 本に たくさん 出て くる おともだちも しょうかいするよ！ この 本にも いるからね！

月 日
こたえ105ページ

サッと おぼえよう！

おん　イチ

くん　ひと(つ)

すこしだけ ななめに するよ。

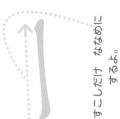

一えんの かぞえかたは 「いちえん」だね！

かぞえるときは 「いち」「に」だよ。

1かく　一

おん　ニ

くん　ふた(つ)

下を ながく かくよ。

かずの かぞえかたも 「に」と いうよ。

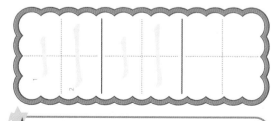

2かく　二

5

ただしい かん字の かきじゅん

★1 ただしい かん字を かこう

1. （　）
一人まえの まほう
つかいを 目ざすが。

2. ねがこえを
（　）
一じ かなえて！

3. わたしには 一つの
ひみつが あるの。

4. じゅ文を 一かい
となえるの！

★2 かん字を かこう

1. ☐☐ かいて
くんと さいしょ！

2. ☐☐目の
ねがこえを
かなえて！

3. ケーキを ☐☐
に ぶぢたら！

4. すてきな まほう
うを ☐☐
おぼえた！

2 かん字の れんしゅう

がつ にち こたえ105ページ

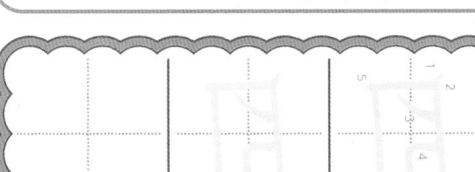
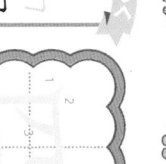

○ 四

× 皿

四
く（ん）
よん・よ
シ

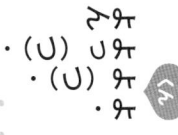
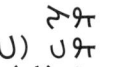

くねっと
まげるよ。

5かく
一 丁 汀 四 四

三
く（ん）
みみみ
サン

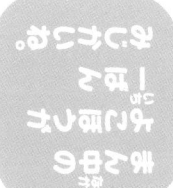

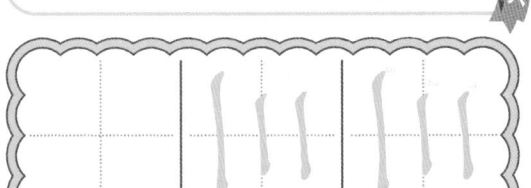

おなじ ながさで
かかないように
まっすぐ かくよ。

さいごは
きちんと
とめるよ。

3かく
一 二 三

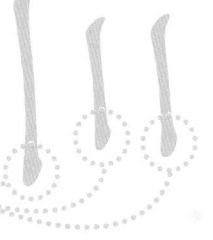

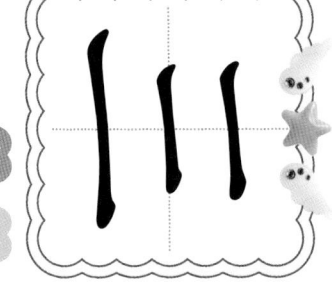

① かん字を よもう

1.
〔　〕
三日月（みかづき）が きれいな
よるね。

2.
この 水（みず）いろの
ほうきで
三本目（さんぼんめ）〔　〕

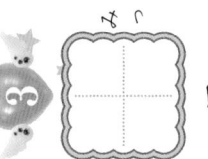

3.
〔　〕
四（よっ）か
いちかトガだに
まどを

4.
〔　〕
四（よっ）ついで
はじめて
空（そら）を とくだの。

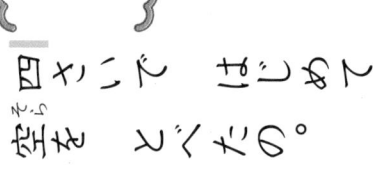

② かん字を かこう

1.
ママより 上手（じょうず）に
〔　〕
あみが できるよ。

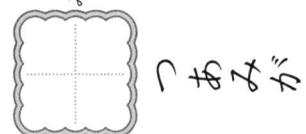

2.
〔　〕
よく
カラフルな ドレスです。

3.
〔　〕日（か）で
まほうの くすりが
できるよ。

4.
〔　〕
ロ一バ一
はじ
見（み）つけ

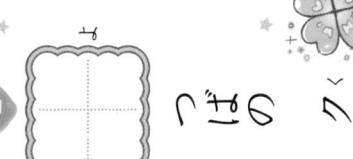
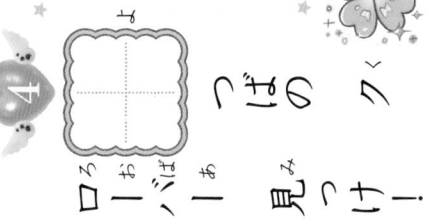

3 かん字の かくしゅう

月　日

こたえ105ページ

かん字を おぼえよう!

おん　ゴ

くん　いつ・いつ(つ)

ななめに かくよ。

一つづきで かこう。

かきじゅんを まちがえ やすいよね。

かくすう　一 ア 五 五

おん　ダイ・タイ

くん　おお・おお(きい)・おお(いに)

まっすぐ 下ろすよ。

さいごは とめようね。

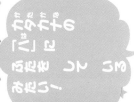

カタカナの 「ハ」に 気を つけて! いこう

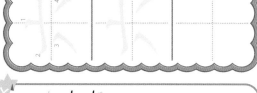

かくすう　一 ナ 大

Actually the circle at bottom right shows "9".

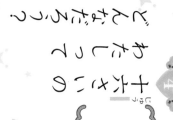

かたかな の ことば

1

4. と　わたしは十六さいの（　　）？

3. パーティーは六日が（　　）よー！

2. 五つ　すがたを　かえたら（　　）すね。

1. あたしと五つアイスを（　　）ー

2

4. ここは（　　）に。
コニアの　ダイコンの　ケーキを　おばけだけあついー！

3. ケーキを　大ぜいの　人に（　　）の。わ？

2. このゆびの（　　）の　こうなちゃおっおー！ビーズ

1. きまの（　　）カードお　こっちゃって（　　）おう！

10

かん字を おぼえよう！

おん シチ
くん なな・なな（つ）・なの

すこし ななめに なって いるよ。

はじめに「七」だね！

2かく 一 七

おん ハチ
くん や・や（つ）・やっ（つ）・よう

一かく目は 上から かくよ。
二かく目は 一かく目より 上から かくよ。

りょうほうとも はらうんだね。

「八」は かたかなの「ハ」と にているね。ちゅういして かこう。

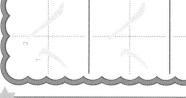

2かく 八

11

もじと かずの れんしゅう

① ただしく よもう

1
（　　　）
むしに おきて まほうの れんしゅう。

2
（　　　）
七日に ごぜん 三人で おでかけ。いっしょ

3
ももから ぼくは
（　　　）
いつも ドーナツを たくさん たべたの。

4
（　　　）
八月に まっ白な ゆきを ふらせたら すてきじゃない？

② かんじを かこう

1

□ だがしの
アイスだー！

2
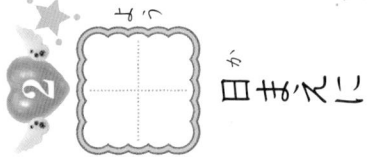
□日まえに
もどって みよう！

3

□ころの ぶん
水を つくるのは どう？

4
おねえちゃんは
キミに
□なつだよ。

かん字を おぼえよう!

音 キュウ・ク

訓 ここの・ ここの(つ)

一かく目は ここから!

はねるよ。

はらうよ。

九 九

2かく 九

ただしい ひつじゅんを おぼえて いきましょう。

音 ジュウ・ジッ

訓 とお・と

よこぼうから かきはじめよう。

2かく 十

ここまでで 一じゅうから 十まで かけますね!

13

ほし かんじの れんしゅう

① よみがなを かこう

1 ひろった 貝がら
（　　）
十まいくんで
キーホルダーに！

2 （　　）
九つの
ほうしが
たからもの。

3 （　　）
十日づきの
空の
おさんぽ！

4 （　　）
九ひきの
ユニコーンが
ゆめに
出てきたの。

② かんじを かこう

1 〔　〕月の
あかり

2 ながれぼしを
むには
〔　〕の
ポイントが
あるの。

3 いちらが
〔　〕ぱ
まほうで
ふたつ。

4 〔　〕しるこの
じゅ文で
おぼえられるかな。

15

3かく

十

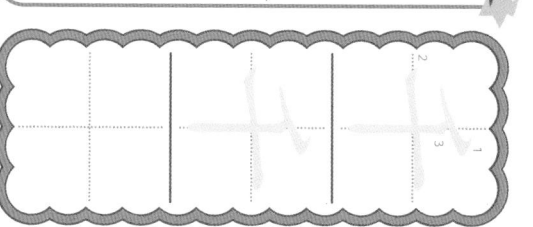

十

くん
おん

ち
セ
ン

右上から　左下に
はらうんだね。

ここは
すこしだけ
ななめに
するよ

6かく

一
一
丆
币
百
百

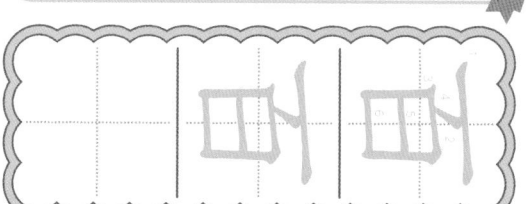

百

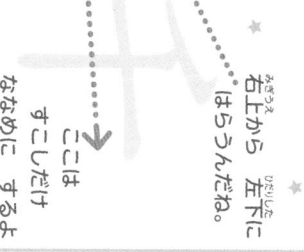

おん
くん

ヒャク

たてに　まっすぐ
かいちゃ　だめだよ！

「百」の
いちばん
うえの「一」は
よこぼうだよ。

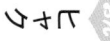
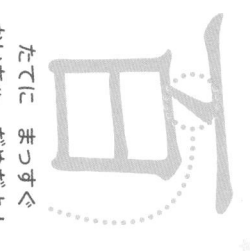

かんじ　おぼえたよ！

6　かんじの れんしゅう

こたえ105ページ

月　日

もじ と ことば の れんしゅう

① ようすことば クイズ

1
（　　　）
二百さいの　まじょが
いるって　ほんと。

2
千年まえから
つたわる
まほうの本。

3
百かい　いっぱい！
でも　あきらめない！

4
せかいには
（　　　）
なん千人も　まじょが
いるの。

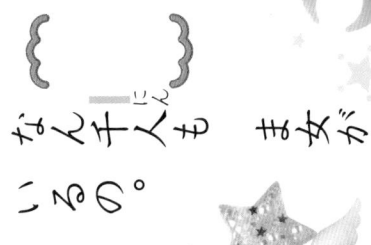

② かくことば クイズ

1
□□□
の

きれいな　まほうの　石。
ゲット！

2
アイリスの　たん
生日に
花を　プレゼント。
□□□ の　本。

3
クッキーを
まい　やいて。

4
よ空の
□□□ の
ほし　一とりじめ！

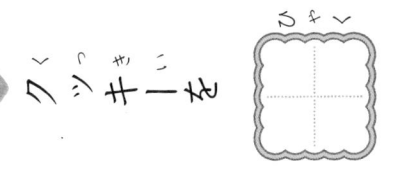

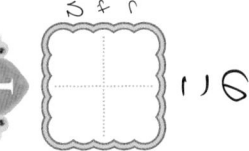

かんじを おぼえよう！

おん　ダ　タイ

くん　おお(きい)・
　　　おお(いに)

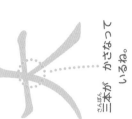

さんぼん
三本が かさなって
いるね。

人が 手足を
ひろげて
いるみたい！

3かく　一 ナ 大

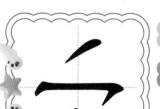

おん　ショウ

くん　お・こ・
　　　ちい(さい)

とめるよ。
はらうよ。
しっかり はねて
いるかな？

一かく目は
まん中の
たてぼうだよ。

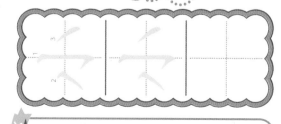

3かく　亅 亅 小

17

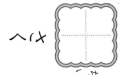

よみとる かん字の ぶんしょう

1 ★ よみがなを かこう！

④
大きな
すてきな
水（みず）そうの
（　）

③
アイリキャも
たちも すきです。
とても おおきい（　）で

②
小（しょう）学（がっ）校（こう）で
ひとつ あげる（　）
コスモスを
コスモリに ほん（ほ）
あげるを
ー

①
コスモスを
コスモリに
ほん
（　）
あげるを
ー

2 ★ かんじを かこう！

④
なつ
やすみ
だ。
□
へや
が
ひろい。
せん。

③
もし
オしれ
川に
を
□（川）
もとレ を
する わし

②
の
川を
□（お 川）
かける
かけて
かほう
ー

①
まほう
じけ
を
□
して
じけ を

18

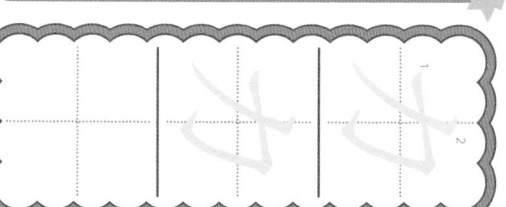

ちからを「カ」って いうよ！

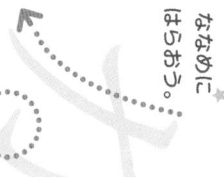

カ

くん　ちから
おん　リョク・

ななめに
はらおう。

はねるよ。

2かく　フ　カ

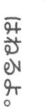

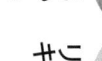

まんなかに
ぼうを
たてて
かくよ。

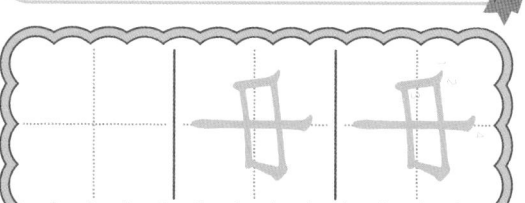

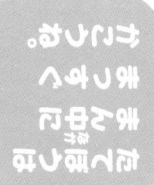

中

くん　なか
おん　ジュウ・
　　　チュウ

下の ほうが すこし
ながいんだよ。

4かく　一　口　中

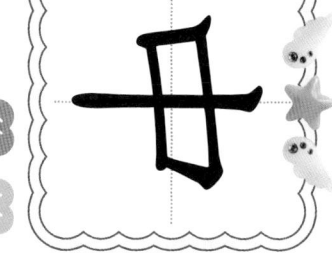

かんじ　おぼえたよ！

8　かんじの れんしゅう

月　日

こたえ106ページ

よみと かきの れんしゅう

① よみがなを かこう

1. ダリアと カを（ ）
　雨が あわせて！
　はれに から

2. まい日ごと カを（ ）
　して
　かなえるの。

3. れんしゅう中は（ ）
　しんけんしょー！

4. 学校中の あこがれ
　の まとに なあれ。

② かんじを かこう

1. 水（□ちゅう）を
　おしゃくり できる
　まほうが あるの。

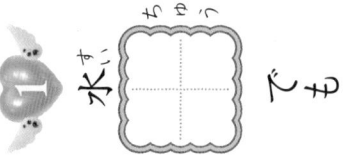

2. モカが かばんの
　（□なか）に
　かくれてだー！

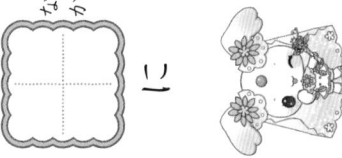

3. まほうも だい（□りょく）
　を つかうのね…。

4. オシャレに（□ちから）は
　を 入れて いるの。

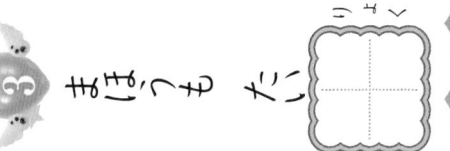

9 かんがえる力をつけよう☆

～ココアをおいかけよう！～

ココアが ダリアの たからばこを くわえて にげちゃった！

ココアが おとして いった たからものを ひろいながら すすもう！

一かくの かんじ、二かくの かんじ、三かくの かんじ…と じゅんに すすめば たどりつけるよ！

月 日
こたえ106ページ

たからばこが ないと オシャレに へんしん できないよ～！

スタート
中

一
二
チ
五

三
カ
百
四

かきじゅんを しっかり おぼえて いたら たからばこは わかるはずよ。

もう いたずらしちゃ ダメだよ！

ゴール

21

かんじには、ものの かたちから できた ものが あるって しってる? ティジーと ピオニーが、まほうを つかって おしえて くれるよ♪

ものの かたちから かんじを つくったのですね★

羽 (はね)

こうやって できた かんじを 「象形文字(しょうけいもじ)」って いうんだって!

象 (ぞう)

魚 (さかな)

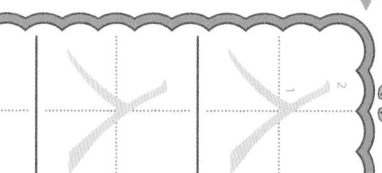

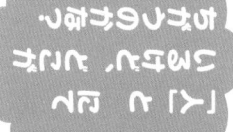

「入」は、なかへ ちからを いれる いみ。

入

くん　はい(い)る・い(れる)
おん　ニュウ

2かく

二かく目の ほうが ながいね。

二かくとも はらうよ。

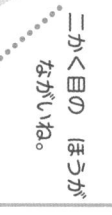
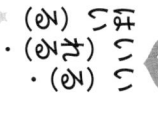

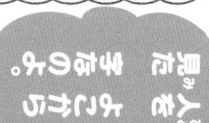

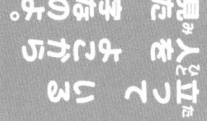

人がたって、手をほそく 見た人 の かたちから。

人

くん　ひと
おん　ジン・ニン

2かく

一かく目の と中から 出て いるね。

二かくとも はらうよ。

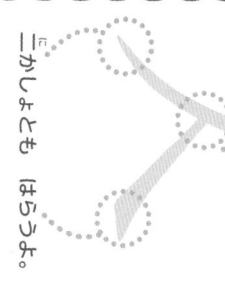

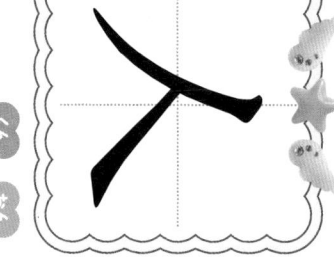

かん字を おぼえよう！

かん字の れんしゅう

こたえ106ページ

月　日

よみと かきの れんしゅう

１　よみがなを かこう！

１　人（　）に たくさんの ちゅう目（もく）されちゃった！

２　しん（　）人 また（まだ）の まほうつかい！

３　女（じょ）の ダンス スクールに （　）人から！

４　シャボン玉（だま）に のって ジャンプ！ （　）人

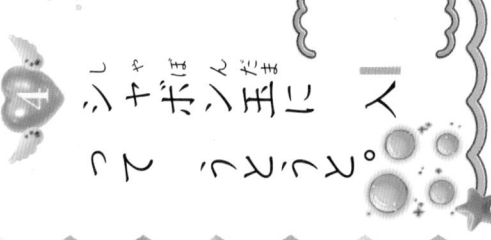

２　かん字を かこう！

１　お□きょうも おしえて できるんだ。

２　ダイヤの □り口（ぐち）に 花（はな）。

３　ともだち、なん□で きだ？

４　もっと こわいの かはんに □した の？

かこう おぼえよう！

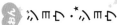
おん　ジョウ・ショウ

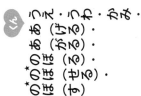
くん　うえ・うわ・かみ・あ（げる）・あ（がる）・のぼ（る）・のぼ（せる）・のぼ（す）

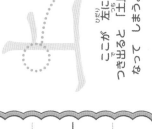
ここが 左に つき出ると「出」になって しまうよ。

おなじ よみかたが たくさん あるね！

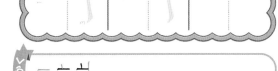

3かく　丨 上 上

おん　カ・ゲ

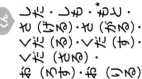
くん　した・しも・もと・くだ（る）・くだ（す）・くだ（さる）・お（ろす）・お（りる）・さ（げる）・さ（がる）

ここは ななめに とめるよ。

「上」と セットで おぼえると いいね。

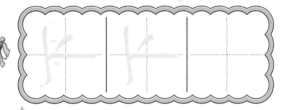

3かく　一 丆 下

25

よみと かきの れんしゅう

1 よみがなを かこう

1. にじの 上（　）に あるけちゃう。

2. ほうきに のって 空（そら）に 上（　）る ひこうき を おいかけよう！

3. 年下（　）の 子（こ）には やさしく するよ。

4. 三日月（みかづき）の んびり 川（かわ）を ふねで 下（　）りたいな。

2 かん字を かこう

1. 木（き）の □□［した］で ランチしない？

2. わたあめみたいな くもの □□［うえ］。
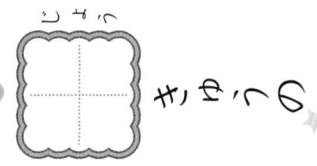

3. ここは なぞの ち□□［か］し。

4. □□［じょう］きゅうの まほうを つかうのは まだ 先（さき）ね。

かん字の なまえは 川の ながれから できたよ。

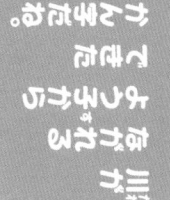

川

くん かわ
おん セン*

3かく
)]] 川

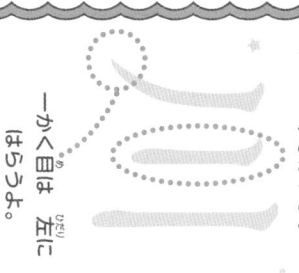

一かく目は 左に はらうよ。

まん中が 一ばん みじかいよ。

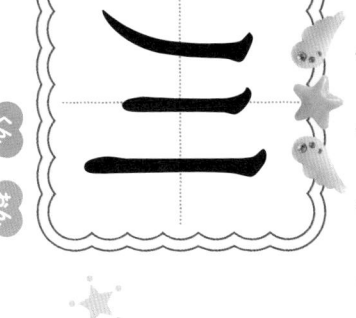

かん字の なまえは 三つの 山が ならんでいるよ。

山

くん やま
おん サン

3かく
丨 山 山

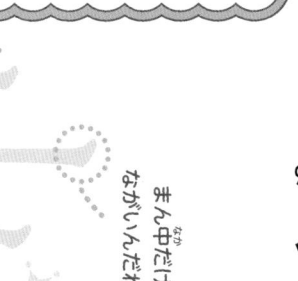

一つづきで かくよ。

まん中だけ ながいんだね。

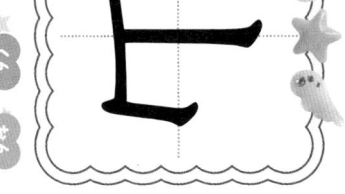

かいて おぼえよう！

かん字の れんしゅう 12

よんで かいて れんしゅう

☆1 ひらがなを かこう

① おそらの 上の
〔　〕
山もり スイーツ！

② 山中で 花を 見つけた
〔　〕
七いろの！

③ 天の川を 下ると
〔　〕は うみに 出るよ。

④ 川ぞいを みんなで
〔　〕
おさんぽ。

☆2 かんじを かこう

① 〔千□〕の むこう は ハムスター村。

② 小〔川わ〕から ももが…！

③ 〔天□〕ちょうから 見る けしきって すてきね。

④ 〔川わ〕ぞい おさんぽ バスは 一ぺん きゅう一。

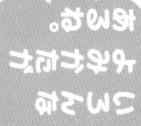

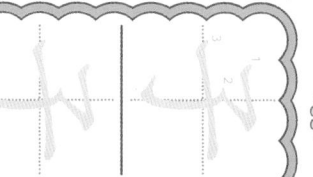

13 かたかなの ふくしゅう

こたえ106ページ
月　日

カタカナの ちいさい 「ツ」に ちゅういしてね！

くん ゆう
おん キュ*

3かく

ななめに
ならないように ね。

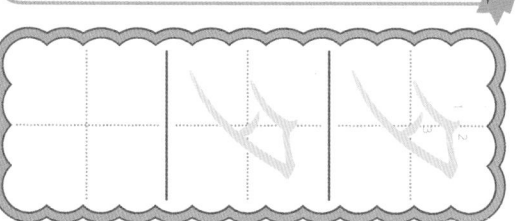

に かく目は
ここから。

しっかり はねよう。

くん
おん ス・ズ

3かく

「ねずみ」
「かんづめ」
「めだか」
… などの
ことばが
かけるかな。

よみ かきの かんづめ

① よみがなを かこう！

① ワンピースを
［　］
夕やけいろに
そめちゃおう。

② おはよう！
［　］
オムライスの
タルトが
よしょく！

③ 女子力が
アップの
おまじない。

④ 気もちが
上がの
様子が
気になるなあ。

② かん字を かこう！

① ［□］がたの
のみは
ロボット
マンチ
ップ。

② ［□］と 日と 月が
こうだいだ。

③ じ□は 男だ
すきな
［□□］が
いるの。

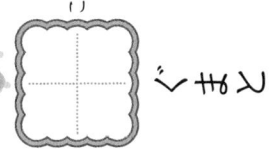

④ ［□］ぐまと
あそぶよ。

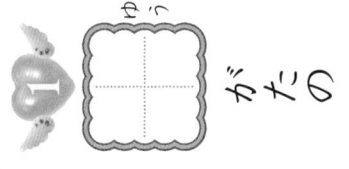

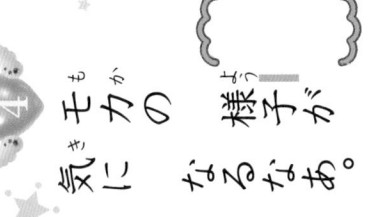

★1 よみがなを かこう！

1. 本(ほん)日は（　　）。

2. カレンダーを しりょうの うちから しれき 日(にち)（　　）を しらべよう。

3. 月(つき)（　　）から みかづき（　　）の ちょうしを きろく。

4. 六(ろく)月の 花(はな)が あいだと なれあいの なつかれん。

★2 かんじを かこう！

1. パンは 五(ご)こ [　] に いれた。
いか フジエを ぶんに

2. しんごう [　] の あかちゃんの
まじない ぶんけし ちから

3. ちより [　] せんは おやすみ [　] は
おうじょう にっちょう

4. プリンを [　] に のせます。
リンいに セオいる
ぶす。

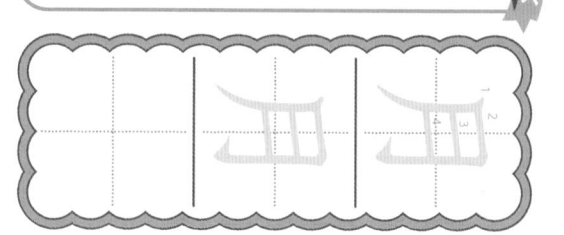
かん字を おぼえよう！

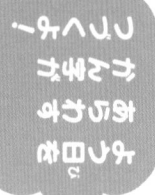
31

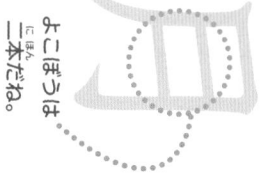
つきを あらわす 字だよ！

くん　つき
おん　ガツ・ゲツ

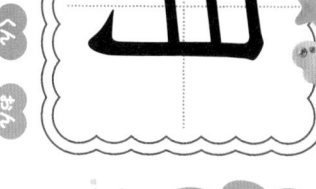
4かく
一　ノ　刀　月

よこぼうは
二本だね。

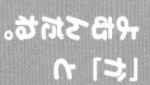

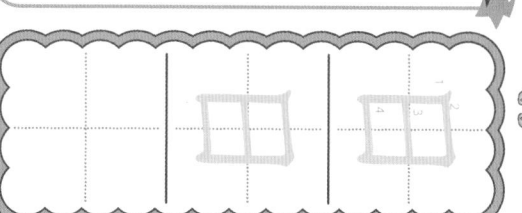
「日」の 中に
「一」を…
「目」と まちがえ
ないでね。

くん　か・ひ
おん　ニチ・ジツ

4かく
一　刀　日

きれいに おれて
いるかな？

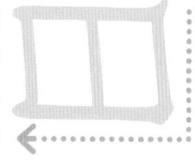

かん字の れんしゅう 15

月　日
こたえ107ページ

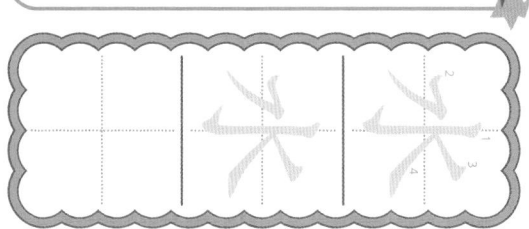

かん字を おぼえよう！

火

くん　ひ・
おん　カ

「火」は、もえる「火」や「ほのお」のこと。「火」を 手に 気をつけよう。

ここから
かきはじめるよ。

4かく　　　丶　ソ　火

水

くん　みず
おん　スイ

「水」は、のみ水の「水」。川にも うみにも 水がある。

きちんと はねよう。

4かく　　　丨　刀　水

よみと かきの かくにん

1 花火（はなび）！
にじいろの 〔　　〕 きれいだね！

2 バースデーケーキの 〔　　〕 火（ひ）を 〔　　〕 けす。

3 水（みず）の 中（なか）でも 〔　　〕 いきが できるの。

4 水（みず）めんに 〔　　〕 人（にん）ぎょが かおを 出（だ）したよ。

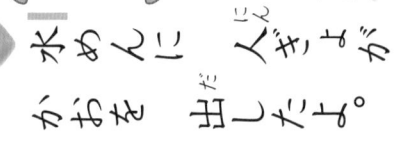

1 〔　か　〕よう日（び）は ピアノの レッスン。

2 〔　す　〕中（ちゅう）に ある ひみつの おしろ。

3 〔　か　〕カリの ちょうせつは むずかしい！

4 この 〔　す　〕で 大人（おとな）に へんしんできるの！

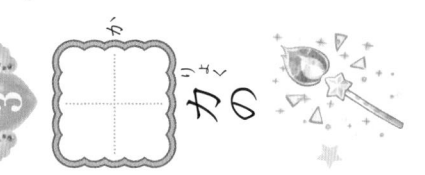
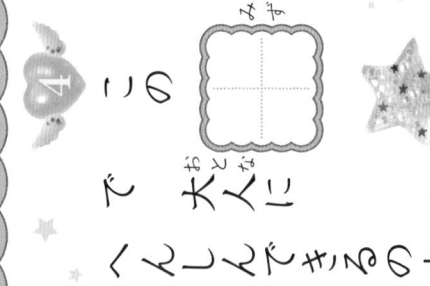

ヒント おぼえちゃう！

木

おん：モク・ボク
くん：き・こ

ぜんぶ かさなって いるかな？

木の ふでを 立てて 出して しますか。

かく　一 十 オ 木

金

おん：キン・コン
くん：かね・かな

よこぼうが だんだん ながく なって いくよ。

かくすうが おおいけど、かけたら 正しく おぼえちゃおう。

8かく　ノ 入 人 今 全 全 金 金

35

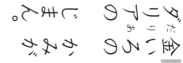

1 よみがなを かこう！

4. 金（　）のアクセサリーの（　）じみがありません。

3. お金（　）でママとジュースをかった。

2. 大木（　）がたおれてベンチの（　）

1. 木（　）のおかげでもと力（　）

2 かん字を かこう！

4. ピンクに□（かみ）をそめた。

3. □（ほ し）の大（だい）きな□（　）をお月（つき）見（み）た。

2. はなまでおくって□（　）をはこんで□（　）の音（おと）。

1. おにぎりも□（　）おわらいもひらがなの音（おと）で

かん字の れんしゅう 17

かん字を おぼえよう！

天

くん　あま・あめ
おん　テン

〔1〕〔2〕チ 天　4かく

上の よこぼうの ほうが ながいよ。

「天」は「夫」や「未」とにているので、ちゅういしよう。

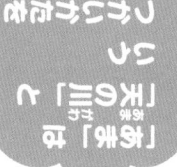

土

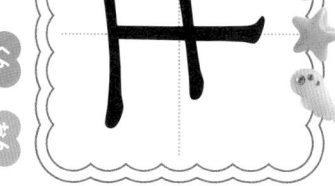

くん　つち
おん　ド・ト

一 十 土　3かく

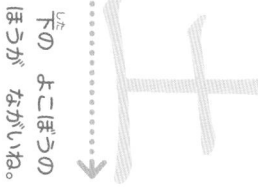

下の よこぼうの ほうが ながいね。

なぞったあとは、ほんとうに字をかけたかな？

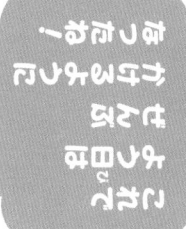

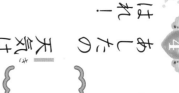

よみと かきの れんしゅう

1 よみがなを かこう！

1. ねん土（　）の人（にん）ぎょうに　ダンス（だんす）を　させよう。
2. まほうの　天（　）さいって　いわれたい。
3. ひろい　土（　）ちに　ゆうえんちを　つくろう！
4. あしたの　天気（　き）は　はれ！

2 かん字（じ）を かこう！

1. □（つち）の　中（なか）から　たからばこ!?
2. □（ど）よう日（び）の　おひるは　大（だい）すきな　ホットケーキ（ほっとけえき）！
3. □（あま）の川（がわ）に　はしを　かけよう。
4. これは　本（ほん）ものの　□（てん）しの　はねなの。

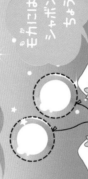

～かん字シャボンって 空をとばう～

18 かんがえる 力を つけよう☆2

月（がつ） 日（にち）
こたえは107ページ

かん字シャボンを あつめて 空を とぶよ！
みんなが ほしがって いる かくすうの かん字シャボンを とどけて！

金 土 八 日 一 水 人 王 千 火 子

わたしは 四かくの シャボンを ニつ ほしいな。

モれには 二かくの シャボンを 一つ ちょうだい！

うーんほ 一かくの シャボンと 八かくの シャボンを 一つずつ ほしいな。

わたしは 三かくの シャボンを 三つ ほしいの！

18 ゆめ見る☆サキドリかんじ!

あなたは しょうらい、なにに なりたい? 小学校で ならう かん字で、いろんな しょくぎょうを かけるよ! デイジーと ピオニーは なにに なりたいのかな?

わたしが なりたいのは……

- ♡ 歌手
- ♡ 女優
- ♡ 客室乗務員
- ♡ 飼育員

わたしは パティシエか デザイナーに なりたいの!

わたしが なりたいのは……

- ♡ 美容師
- ♡ 看護師
- ♡ 警察官
- ♡ 宇宙飛行士

ダリアが なりたいのって しょくぎょうっぽいね……!

わたしは アイドルか カウカナの しょくぎょうだから。

40

41

かん字の ぶんしょう ① 19

よみがな かいて！ もんだい1もん5てん

① ちいろの（　）を

② プリムシンとの（　）の上に 先生ファン二

③ 本まって もっの（　）きすぎた わ二

④ 火の（　）まって ちゅういほう。

⑤ せいしゅつする中すうは（　）ほしすよ。

⑥ カ（　）ころと おれち人。よう

⑦ （　）金 ころより おれち人。ほしい

⑧ ケーキは（　）たべは大きへいす れ

⑨ 十（　）ピンセンに かんじわたし？

⑩ 百から 文も（　）ほなと おぼえるて。

こたえ107ページ

② かんじと おくりがなを かこう！ 〔1もん5てん〕

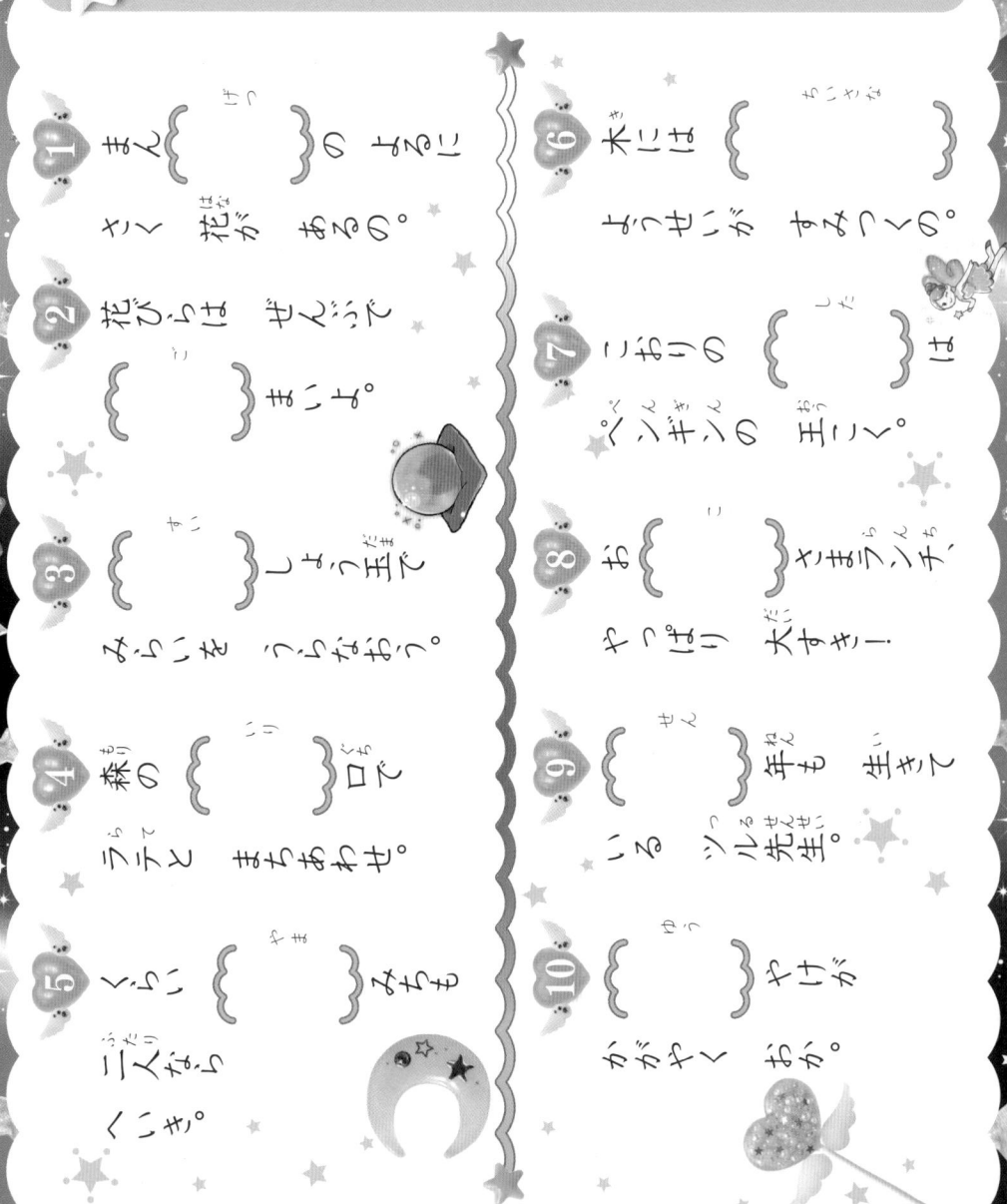

1　まん〔　げ　〕の よるに よく 花(はな)が あるの。

2　花(はな)びらは せんぶで 〔　　〕まいよ。

3　〔　す　〕しょう玉(だま)で みらいを うらなおう。

4　森(もり)の 〔　こ　〕口(ぐち)で まちあわせ。

5　くらい 〔　たま　〕みちを ふたりなら あるける。

6　木(き)には 〔　ちっちゃな　〕ようせいが すみつく。

7　にわの 〔　した　〕は ペンギンの 王(おう)さま。

8　お〔　こ　〕さまより 大(だい)すきー。

9　〔　せん　〕ツツールを 年(ねん)も 先生(せんせい)。 生(い)きて いる

10　〔　ゆう　〕やけが かがやく おか。

よみがなを かこう。

① パンは なんこ
ケーキは ゆめみたいと
十＿ ありますか。

② 天＿の
あめ川で
あめみたいを
＿こほに
あそこ？

③ スー＿に
いかほ
あつい なる
木＿を
そだての

④ 四人＿は
大＿ な
なかよし。

⑤ た＿ほうを
＿かんと
のちょうへ
の

⑥ まほ
からいの
しれいが
土＿に
でる。

⑦ 土＿に
がうえ
あがうつ
出てえたら
たねから
めがなの。

⑧ ビょう三日＿は
ビヮク三に
でよう日＿は
お花＿は
ねべに
出るの。

⑨ 一日＿
そみて
あみで 人ま
でよう日＿は
ねすべに。

⑩ 六＿日＿は
目＿は おやすみ
だけ そみて
の

がっこうで あわ
おやすみね。

かんじの よみかた②

こたえ108ページ

月　日

／100

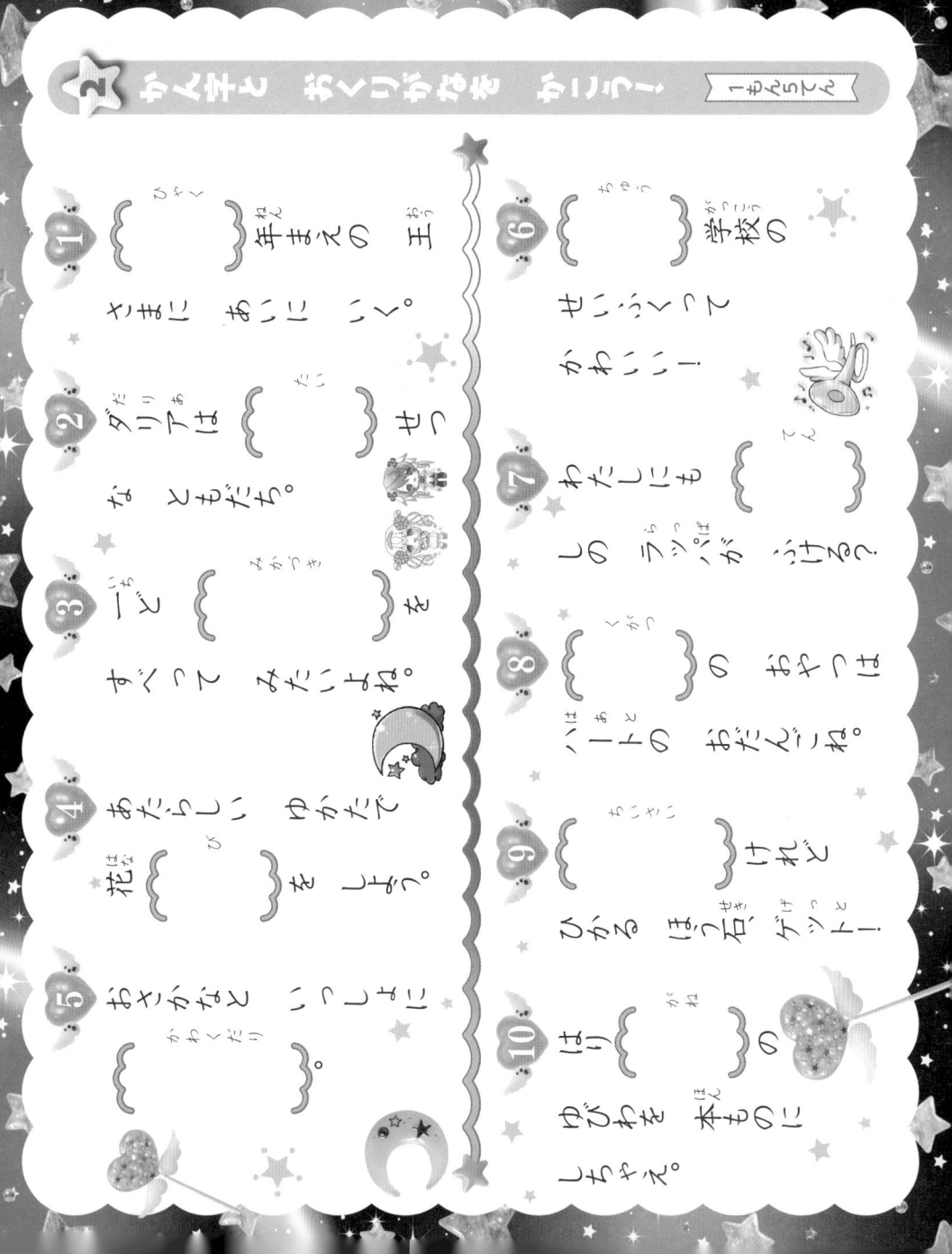

② かん字と おくりがなを かこう！　1もん5てん

1　〔　　　〕ねんまえの 王さまに あおに いく。

2　ダリアは 〔　　　〕な ともだち。

3　ごご 〔　　　〕を すくって みだよね。

4　あたらしい ゆかたで 花火〔　　　〕を しよう。

5　おさかなと いっしょに 〔　　　〕

6　学校の せいもんで かおこう！

7　わたしにも 〔　　　〕の ラケットが ほしい。

8　〔　　　〕の おてつは 一つの おだんごね。

9　〔　　　〕けれど ひかる ほうせき ゲットだ！

10　はり〔　　　〕の ゆびわを 本ものに しちゃえ。

ことばへ　目を
かたむけて
ください。

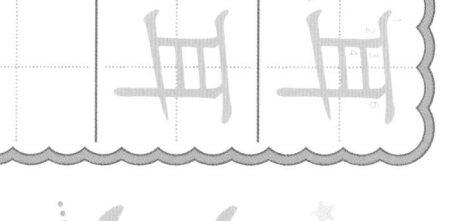

6かく 一 Ｆ Ｆ Ｆ 王 耳

耳

くん みみ

おん ジ

ななめに
上がって
いるね。

耳

ことばを
よく きくことが
たいせつです。

3かく 1 Γ 口

口

くん くち

おん コウ・ク

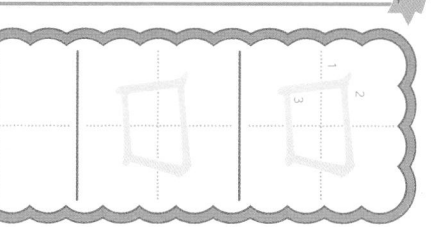

きちんと
とじようね。

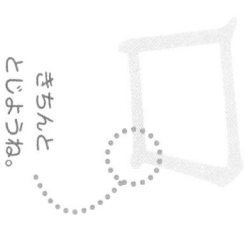

口

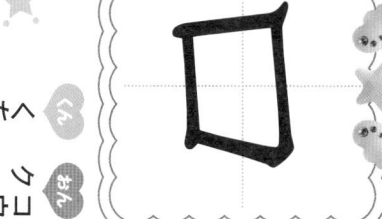
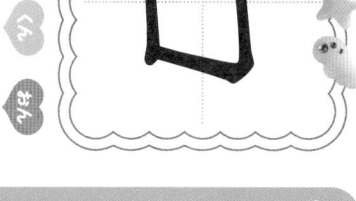

かんじ れんしゅう

21 かんじの ちしき

こたえ108ページ

がつ
月

にち
日

ことばと かんじの れんしゅう

① よみがなを かこう

1. （　　　　）
　口に　生（なま）クリームが　ついて　いるよ！

2. （　　　　）
　小（こ）さな　森（もり）の　出口（でぐち）を　とりに　たずねる。

3. （　　　　）
　耳（みみ）もとで　だれかが　ささやく　こえが　するわ。

4. （　　　　）
　うさぎの　耳（みみ）が　はねに　なった！

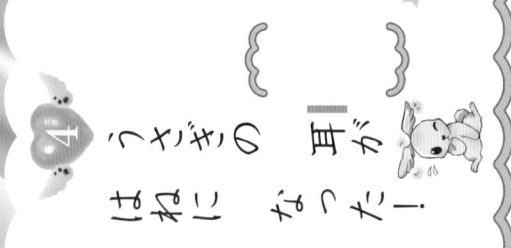

② かん字を かこう

1. ⬜（くち）
　ニッコリ　うれしの　おみせ。

2. ⬜（みせ）に　お花（はな）の　イラストブックを　こしよう。

3. すてきな　うわさが　わたしの　⬜（みみ）に　入（はい）ったわ。

4. お⬜（くち）なおしに　いちごの　あめ。

22 かんじの れんしゅう

こたえは108ページ

きって おぼえよう！

おん　シュ

くん　て

こちらから はらうよ。

すこし まがって いるね。

たいせつな ものを 手に もって いるよ。

1
2
3
4

4かく　ノ 二 三 手

おん　ソク

くん　あし・た（りる）・た（る）・た（す）

さいごは とめずに はらうんだよ。

かいだん「一足、二足…」と かぞえるのね。

7かく　一 ロ ロ ワ 尸 足 足

47

よみと かきの かくにん

★１ よみがなを かいて〜

１　火（ひ）の　まほう（　　）手を　つけど…。

２　しょうりは（　　）が手に　いうのも　なること　いいね

３　くすりに（　　）バラらの　かおりを　足（あし）そう。

４　オシャレ（おしゃれ）は（　　）足（あし）もと　から　と　いうよ。

★２ かん字を かいて〜

１　あたらしい　くつを　三（さん）　□（そく）　かったの。

２　アイリスは　□（はな）が　きれいね！

３　あく　□（しゅ）して　その　人（ひと）の　気（き）もち　が　わかるのよ。

４　ケーキの　かずは　□（た）りるかな。

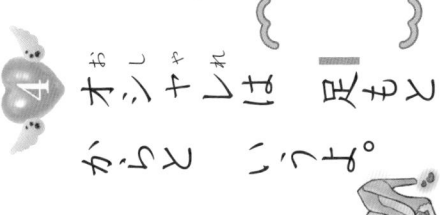

なぞって おぼえよう！

田

おん　デン　タ

くん　た

よこぼうと よこぼうの あいだは おなじくらいだね。

5かく　１ ⊓ ⊓ 田 田

「日」と まちがえない ように しなくちゃ！

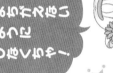

犬

おん　ケン

くん　いぬ

てんは さいごに うつよ！

4かく　一 ナ 大 犬

「大きな 犬」だね！…「大」と まちがえないで！

49

よみかたの ふくしゅう

① よみがなを かいてね！

4. すこし本（ほん）に　いぬは（　）子犬（こいぬ）に（　）なおれ！

3. （　）わかい　おおかみ（オオカミ）は　ほうめいの（　）がいました。

2. ちゅう目（め）の　アイドル（アイドリス）が　います。

1. アイドル（あいどる）の　目（め）って（　）

② かんじを かいてね！

4. おっ出（で）かけて（□□）の白（しろ）い（□）におよう。

3. ブ（□）くんな（□□）いるよ。
　ブークンじょうよ　女（じ）が大（だい）きな

2. はおしろに（□□）いるよ。
　へはおしろに（□）のマークが

50

かん字の れんしゅう 24

こたえ108ページ

あのね。
あなたの いちばん すきな
「王」は だれ？
「王」に てんを つくと
「玉」に なるよ。

【おん】ギョク
【くん】たま

5かく　一　十　干　王　玉

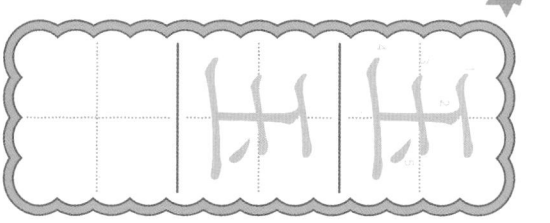

てんを かく
ばしょを 正しく
おぼえよう。

「王」の おんは 「おう」、
「女王」は 「じょおう」、
「王女」は 「おうじょ」と
よむよ。

【おん】オウ

4かく　一　十　干　王

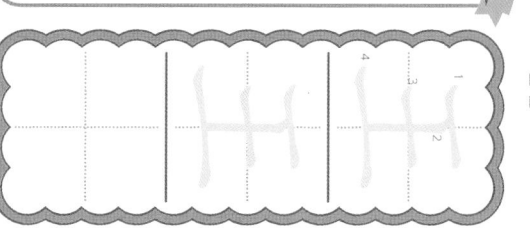

たてぼうは
二かく目だよ。

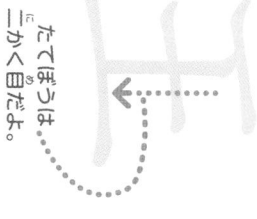

よみ かきの れんしゅう

① よみがなを かこう！

① わたしも すてきな
（　）
王子さまに
出あえるかしら？

② 百の こころに
（　）
かがやく ビー玉。

③ 女王さまは
（　）
まほうつかい。

④ ふしぎの こ（　）は
月の よるに ひかる 赤い 玉。

② かん字を かこう！

① □（おう）女王の
ドレスと おなじ いろ！

② □（おう）さまも
スイーツが 大すき。

③ これは 見える 水いろしょう
□（だま）だね。

④ シマウマを 水
□（だま）しょうに！

ウンと むずかしいー

- おん　ブン・モン
- くん　ふみ

たてぼうは まっすぐ かこう。

「文体」と かくと 「ふく」と なります。

4かく　ー ナ 文

- おん　シュツ・スイ
- くん　だ(す)・で(る)

ここは 出ないようにね。

× 田　　○ 出

5かく　一 十 廿 出

53

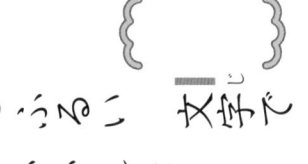

よみと かきの かくにん

54

1 よみがなを かこう

1 （　　）
ふるい 文字で
かかれた
まほうの 本。

2 （　　）
かわに 文ぐを
そろえて
いる。

3 （　　）
ダリアとの 出あいは
わたしの
たからものなの。

4 （　　）
うみの おくに
出ばし！

2 かんじを かこう

1
とうめいに なる
□じゅぶん
だよ。

2
ゆび先から
ほしくずを
□だ
すよ。

3
ベッド□ふんに は
まほうの ことば、
かいちゃ □だめよ。

4
空を とんだ
おもい□で。

ヒント おぼえちゃう！

おん ダン・ナン

くん おとこ

はねるよ。
一つづきに しないようにね。

「田」と「力」で
「男」を 出して
かくよ！

てかく 1 ｜ ｜ ｜ ｜ 田 田 男 男

おん ジョ・ニョ・ニョウ

くん おんな・め

すこし ななめに
なっているよ。

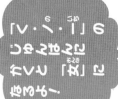
「く・ノ・一」の
じゅんばんに
かくと 「女」に
なるよ！

3かく く ノ 女

よみと かきの かんしゅう

１ よみがなを かこう

1. 〔　　　〕
男の子の　まほうつかいを　さがそう。

2. 〔　　　〕
男子も　女子も　なかよしの　クラスです。

3. 〔　　　〕
女の子の　ともだち
百人　できたよ！

4. まほうつかいで
〔　　女に　〕！
ひしょう女に！

２ かん字を かこう

1. ゆき〔　　〕の
いわりの　まほう。

2. 〔　　　〕の子ほい
ぶ　アッション　も
すきよ。

3. まカ〔　　〕に　女の
ちがいは　ないよ。

4. みんな〔　　〕子
かがく　しようよ！

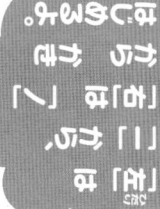

かん字の　たしかめ

こたえ109ページ
がくしゅうび　月　日

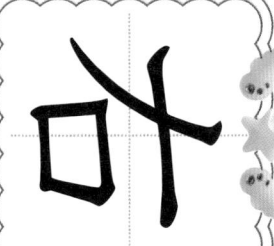

宮

おん　キュウ
くん　みや・

5かく　　丶　宀　宀　宀　宮

ていねいに
はらおう。

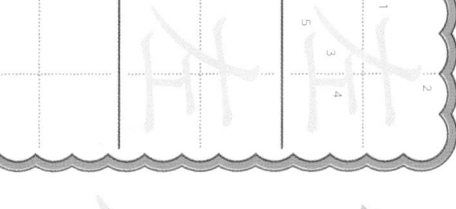

はねる　ところは
「ノ」と　「一」に
かかないように。
ちゅういしてね。

左

おん　サ
くん　ひだり

5かく　　一　ナ　ナ　左　左

つき出して「王」に
しないようにね。

いちばん　上を
ながく　かくと
ただしいよ。

よみと かきの かんしゅう

1　よみがなを かこう！

1　左手（て）の ゆびには まほうの リングが。

2　つぎの かどを 左に まがってね。

3　右（みぎ）がわに ケーキやさんが 見（み）えてくるわ。

4　空（そら）を とぶ ときも 左右を たしかめなくちゃ。

2　かん字を かこう！

1　
ひだり	

の スカートの ほうが いいね！

2　
みぎ	

目（め）だけ ウィンクできた！

3　ステッキを

さ	ゆう

に ふってね。

4　
みぎ	

の みちが ちかみちだよ！

ヒント お手本もじ♪

正

おん　セイ・ショウ

くん　ただ(しい)・ただ(す)・まさ

たてぼうも よこぼうも まっすぐ かこう。

「正」の 手は 五つです。かぞえながら ていねいに つかおう。

1 2 3 4 5

らくく　一 Ｔ Ｆ 正

石

おん　セキ・シャク・(コク)

くん　いし

上に つき出すと 「右」に なっちゃうよ。

「石」の よみかたは 「いしころ」「いし」「こいし」など。

らくく　一 ナ ナ 石 石

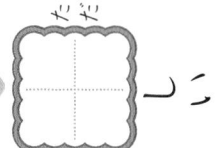

おはなし かもの れんしゅう

1 ひらがなを かこう

1 （正）
まほうは 正しく つかおうね。

2 （　）
正しきな 気もちを こめて はなく…！

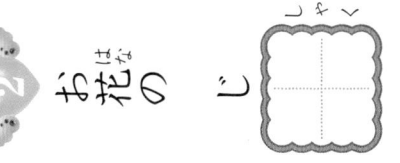

3 （小石）
にわの ぜんぶ だったら な。クリスタル

4 （ほう石）
ほう石みたいに キラキラ リーを つくるよ！

2 かん字を かこう

1 □（だい）し
ほうきの のりかた しってる？

2 お花の □（しゅく）じ を もらったの！

3 その まほうじん の □（せん）かきかた かいよ！

4 パンダの □（せや）だぞ！ 見つけた！

29 かんがえる 力をつけよう☆

～まほうで かん字を つくろう！～

二つの まほうの くすりを くみあわせると かん字が できるんだって！
できあがった かん字を ♡ に かこう！

①

②

月 日 こたえ109ページ

61

29 いろいろな よみかたの かん字

いろいろな よみかたを する かん字が あるよ!
モカと ラテの かいわを ちょっと きいて みよう☆

五月一日は モカの たん生日なの!なん日も まえから
グリアたちが こそこそしてる…。どう日に サプライズが
あるのかな。わくわく♡ 今日みたいな はれの 日だったら
いいなあ!ラテの たん生日は 三月三日だったよね?

うん、そうだよ。ことしは、かいに くの 人の おともだちが
十人も たん生かいに きて くれて うれしかったな。
一人では かかえきれないほど プレゼントを もらっちゃった。
たくさんの 人に おいわいして もらえるのって しあわせだね。

どれも ちがう よみかたなのが わかったかな?

青

一 十 キ キ キ 青 青 青

くん あお・あおい

おん ★セイ・ショウ

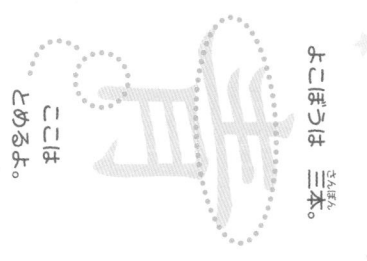

さんぼんは
よこぼうは 三本。

ここは
とめるよ。

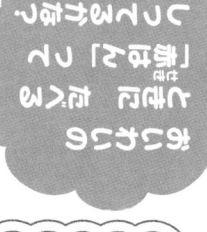

赤

一 十 キ 方 赤 赤 赤

くん あか・あかい・
あからむ・
あからめる

おん ★セキ・シャク

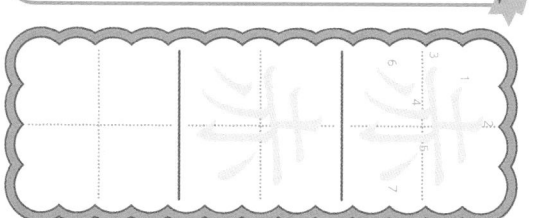

はらうよ。

上の
よこぼうに
くっつけよう。

とめるよ。

かんじの まとめ

30

こたえ109ページ

月 日

もじと かずの かくにん

① ことばを かいてみよう

1. つぎは なにも かおが （　　　） 赤く なるの？

2. はずかしいと （　　　） すぐに 赤めん しちゃうの。

3. アイリスの 目は （　　　） 青いろ だよ。

4. しあわせの とりが （　　　） 青い だよ！

② かん字を かいてみよう

1. ［　　］ちゃんの 手は 小さいね。

2. ［　　］空に 大きな にじの えを かこう

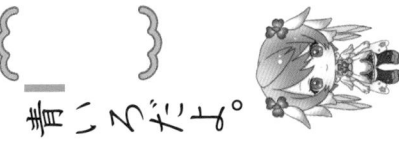

3. その ［　　］い プレゼント すてきー

4. ［　　］いぬが あるなら 白いぬ にしよう！

なぞって おぼえよう!

ななめに
はらって いるね。

「白」の
いちばんを
「自」に すると
べつの 字に
なるよ。

5かく　ノ　亻　亻　白　白

おん デン
くん た

三〜五かく目は
「たて よこ よこ」の
じゅんで かくよ。

ここは さいごに
かくんだよ。

「田」の字の
かたちから
できた
字だよ。

5かく　｜　冂　冂　田　田

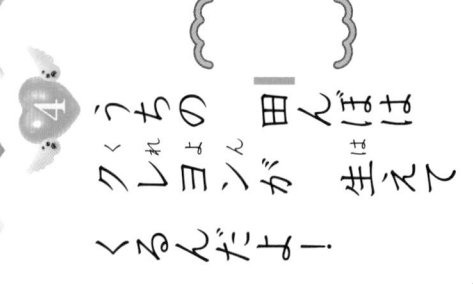

よみ かきの れんしゅう

1 よみがなを かこう！

① （　）（　）
白い　花が　まっ白な　マシュマロの

② あいの　こ　（　）
くしろ白い　みたいー！

③ のどが　からからで　ブールに　（　）
田んぼ

④ くちヨレの　田んぼが　（　）
生えて　くるんだよー！

2 かん字を かこう！

① 水□□に
ほしを　ちりばめる。

② □んぼの
おかしを　オシャレに　くんしん！

③ □□ゆきひめに
あこに　こいこい！

④ 花よめさんの　まっ
□□□な
ドレスを　まぶしいな。

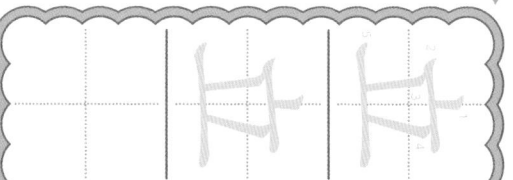

「立(つ)」と「立てる」は つかいわけ に きをつけてね！

5かく
一 亠 立 立

くん た（つ）・た（てる）
おん リツ・リュウ

ここは まっすぐ。

すこし うちがわに 入って いるね。

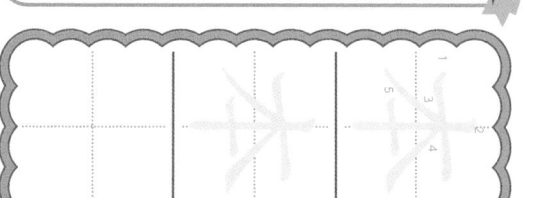

「木」を 「本」や 「休」と まちがえないように ね。

5かく
一 十 木 木

くん き
おん ボク・モク

よこぼうを わすれないでね。

かんじの れんしゅう

こたえ109ページ

がつ 月　にち 日

32

よみと かきの かんしゅう

★1 よみがなを かりパ〜

1
まほうを
べんきょう
ぜんぶ
〔　　　〕
本気で する の。

2
この 木の ね本
には だから が…。

〔　　　〕

3
〔　　　〕
き立 れ
く し く し

4
〔　　　〕
ねこが 立こ と ね。
いつの にも

★2 かん字を かりパ〜

1
[□□] の
気もちを きちん
つたえなくちゃ。

2
[□□] 日は
パジャマパーティーで
よういに

3
[□□] はな
が 見える ね！
おしろ

4
ほうきが 一こでとんで
[□□] なん。

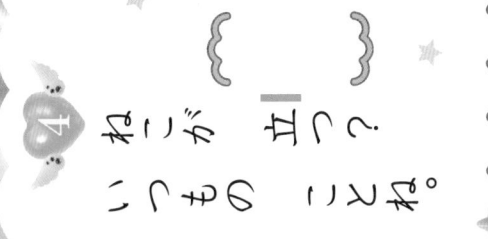

月　日
こたえ109ページ

ヒント をよく見てね～！

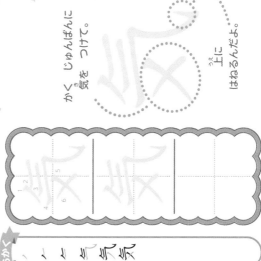

おん　キ・ケ

かく じゅんばんに 気を つけて。

上に はねるんだよ。

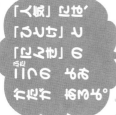

「人気」には、「にんき」と「ひとけ」の 二つの よみかたが あります。

かく　ノ 一 气 气 気 気

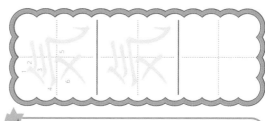

おん　キュウ

くん　やす(む)・やす(まる)・やす(める)

カタカナの「イ」に にているね。

よく にた かん字に「体」が あります。

かく　ノ イ 仁 什 休 休

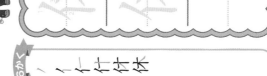

よみと かきの れんしゅう

① よみがなを かりバー

1 ここは 大人気の パンケーキ てんだよ。
〔 　 〕

2 ちかくに もっかが 〔 　 〕 いる 気はいが する!

3 つぎの アイリスの 休日は デート。
〔 　 〕

4 ほっきも だまには 〔 　 〕 休ませない。

② かん字を かりバー

1 カフェで 〔 きゅう 〕 けいしない?

2 ここの おみせで 一〔 ふう 〕みしよう。

3 人〔 ひと 〕 の ない 森は ちゅうい!

4 はじめての まほうは ゆう〔 　 〕が いるね。

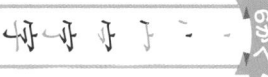

かん字を
あつめて…
「もじ」「もんく」
「なんて いう？」

くん あね
おん し

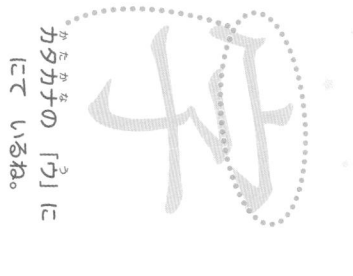
カタカナの「ヲ」に
にて いるね。

6かく

おぼえて
いるかな？
にんべんは
ひとの
かたちなんだよ。

くん
おん し

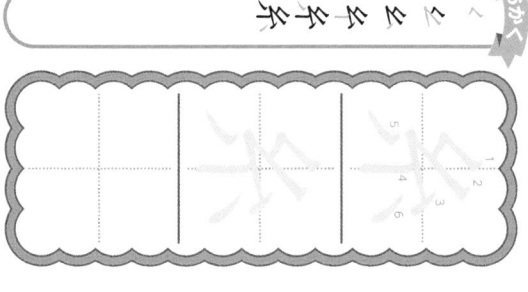
ここは
はねないでね。

6かく

かいて おぼえよう！

よみと かきの かくにん

① よみかたを かこう

1.
せ中の けがを
【　　　】
ぶらぶら ブランコ。

2.
アイリスの
名字【　　　】
めずらしいね！

3.
おラ天ス糸でんわで
おしゃべり。
【　　　】

4.
この ペンは
【　　　】
かい手に かいて くれるの。

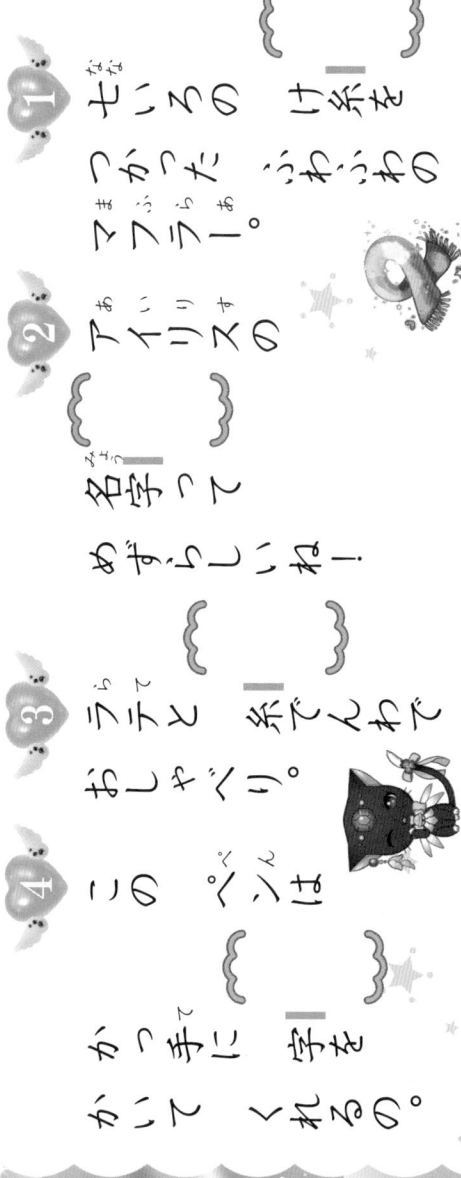

② かん字を かこう

1.
赤い ［　　］と
あんだ ぼう。

2.
大むかしの
文［　　］と
むずかしい。

3.
ユニコーンの
たてがみと
つくった ［　　］。

4.
かん［　　］の
れんしゅう
たのしいね。

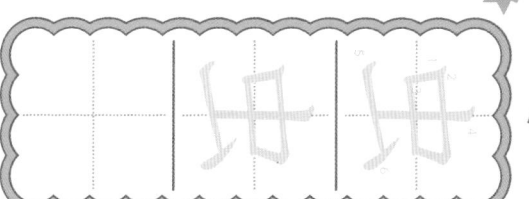

かん字の れんしゅう **35**

こたえ110ページ

月　日

かん字を かこう！

おん　＊ジ

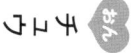

くん　・はは
　　　・(ま)
　　　・(め)

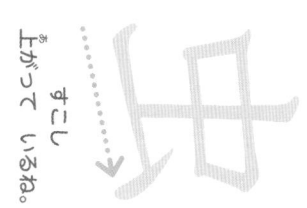

しっかり とめようね。

6かく
一 口 日 田 田

おん　チュウ

くん　むし

すこし
上がって いるね。

6かく
一 口 口 中 虫 虫

よみと かきの れんしゅう

1 よみがなを かこう！

① あしたは 早おき（　　）しおきんぼ。

② しんせつの ケーキ（　　）は 早いものがち だからね！

③ ダリアは 小さい（　　）ところ だったのよ。

④ この ようちゅうが（　　）ちょうちょうに？

2 かんじを かこう！

① すず □ の こえ、きれいね。

② □ ちょうに しゅうごう ね！

③ おじゃま □ みたいだから また あそうと！

④ じゅ文 2 なんだか こには みだいね。 口

「荒」と「荻」を つけて ちがいを おぼえよう。

おん コウ

10かく

はなして かこう。

「芽」の うえは カタカナの「ツ」だよ。

おん ガ
くん まな(ぶ)

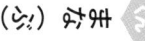

8かく

カタカナの「ツ」みたいだね。

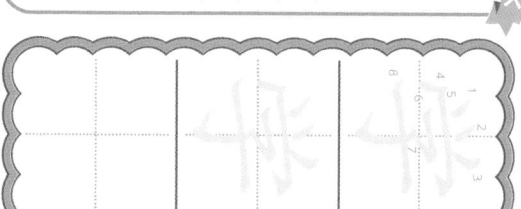

かんじ はかせに ちょうせん!

かんじの れんしゅう

36

こたえ110ページ

月　日

ちがう かたちの かんじ！

① おくりがなを かこう！

1. 本から まほうを
〔 　 〕
学ぶ。

2. まほうつかいの
〔 　 〕
学校が あるの？

3. 〔 　 〕
てんこうせい と
なかよしに なる
まほうを かけよう。

4. 〔 　 〕
校ての この すなを
ぜんぶ ほしの すなに
かえて！

② かんじを かこう！

1. ［　（りう）　］しの
［　］がくは うみの
いろだね。

2. だいすきの かんじ
を ［　（まな）　］ぼう！

3. ワープで 下げ
［　（りう）　］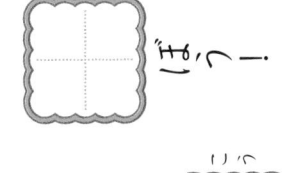
しちゃおう！

4. わたしたちも
［　（がく）　］年が
上がるね。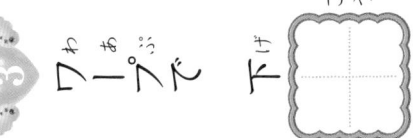

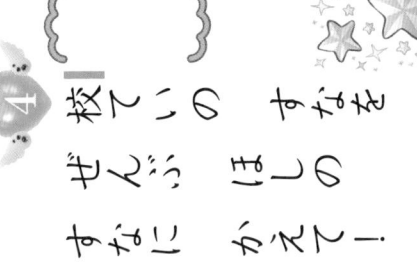
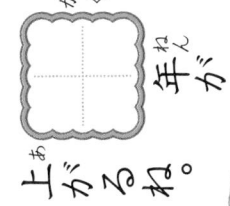

かいて おぼえよう!

生

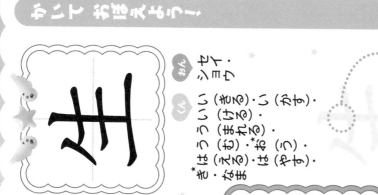

つき出して いるかな?

おん セイ・ショウ
くん い(きる)・い(かす)・
い(ける)・
(まれる)・
(む)・お(う)・
(える)・は(やす)・
き・なま

5かく ｜ ｉ ┼ 牛 生

かん字に なったんだよ!
たくさん おぼえられるかな？

先

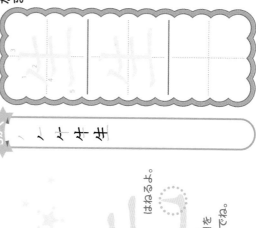

はねるよ。

いっかく目を わすれないでね。

おん セン
くん さき

6かく ｜ ｉ ┼ 牛 失 先

「先」と「生」で「先生」だ！

よむと かきの れんしゅう

★1 よみがなを かこう

1. 森（もり）の　先〔　　〕に　まっているよ！

2. ママは　ま女（じょ）の　大（だい）先〔　　〕ぱい!?

3. な が〔　　〕生きできる くすり。

4. ゆうじょうが〔　　〕生まれるって　キセキだわ。

★2 かん字を かこう

1. まほうの　上手（じょうず）な　〔せん｜せい　　〕。

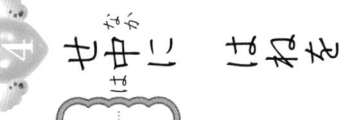

2. 一〔しょう　　〕けんめい　がんばるって　かっこいい！

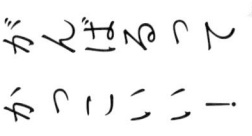

3. ワープ（わーぷ）して〔ちか｜みち　　〕　まわりしちゃおう。

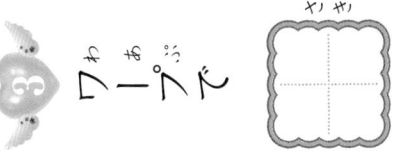

4. せ中（なか）に　はねを〔はや　　〕そう！

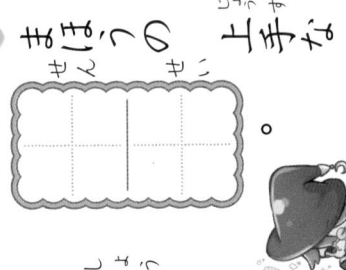

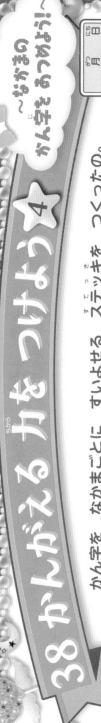

38 かんがえる力をつけよう☆

~なかまのかん字をあつめよう!~

月 日
こたえは110ページ

かん字を なかまごとに すいよせる ステッキを つくったの。
下に ちらばって いる ことばは どちらの ステッキに くっつくかしら。
ステッキに くっつくと、かん字に へんしんするのよ!
○に あてはまる かん字を かいてね。

79

38 かん字おぼえかたで あそぼう！

むずかしい かん字には、まほうを かけて かわいく しちゃうのぉ。
もしかしたら、かん字を おぼえるのに やくだつかもぉ♪

桜
<ruby>桜<rt>さくら</rt></ruby>

デイジーって、
じつは アートの
さいのうが
あるのかしら…。

天 → 秋
<ruby>秋<rt>あき</rt></ruby>

「協」は
「<ruby>協力<rt>きょうりょく</rt></ruby>」という
ことばに
つかうよ。

→ 協
<ruby>協<rt>きょう</rt></ruby>

みんなにも、
かん字おぼえかた ゆって みて
ほしいのぉ。

ポイント お手本スター！

花

おん　カ
くん　はな

右上から 左下に
はらってね。

「花」と 「草」、
にているけど
ちがう ところが
あるよ。

書く　一 十 艹 艹 ナ 花

草

おん　ソウ
くん　くさ

ちゃんと
つき出して
いるかな？

「草」も 「早」も
「ソウ」と
よむのね。

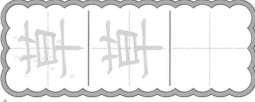

書く　一 十 艹 艹 当 芭 苩 草

よみ かきの れんしゅう

① よみがなを かこう

1　（　　）バラの 花だが だいすきー。

2　（　　）とけない こおりで 花びんを つくって みたよ。

3　（　　）草むらの 中に なにか せいが なん人に いるみたい。

4　（　　）下草で くさりを つくっているよ。

② かん字を かこう

1　キャンデーの　□はな　おいしそう。

2　□ら□での 中に 見つけ！

3　お□はな みたいな ケーキデコレーションが あるの。

4　にわを ピンクの □そうでげんに かえちゃおう！

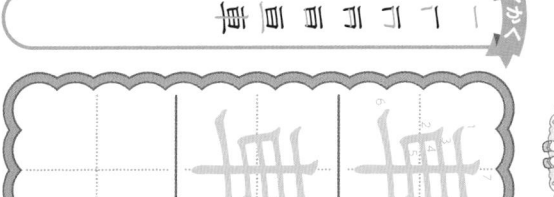

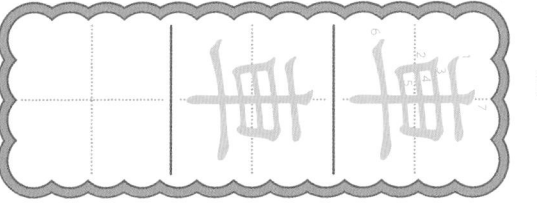

83

7かく

一 一 亡 亡 盲 重 重

さいごに まっすぐ
下ろすんだよ。

くん おもい
おん ジュウ

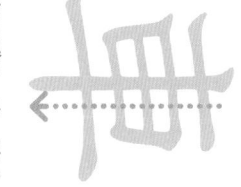

6かく

ノ ニ キ 乒 乖 乗

よこぼうに
くっつけよう。

一ばん 下の
よこぼうが
一ばん ながいよ。

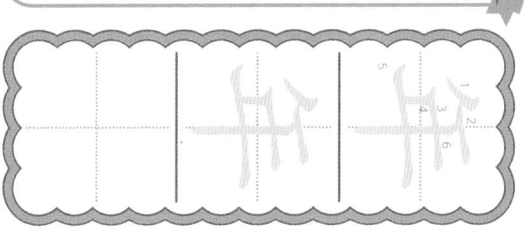

くん のる
おん ジョウ

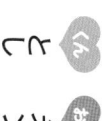

かん字を 書こう！

かん字の れんしゅう 40

げつ 月
にち 日

こたえ110ページ

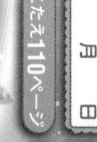

よみと かきの れんしゅう

★1 よみがなを かこう！

1. ダリアと デイジーは おなじ〔　　〕生年月日。

2. 〔　　〕〔　　〕まい年 まほうが 上だって しこね。

3. 〔　　〕〔　　〕タマイニャ、ドーナツに かえちゃった。

4. ピンクの〔　　〕〔　　〕車で おでかけ！

★2 かんじを かこう！

1. ユニコーンの □□ は □□ に のる？

2. □□ 上の おともだちが できたら いいな。

3. 一□□ 中 なつ休み？ すてキー。

4. おまつりで かざ□ を もらったの。

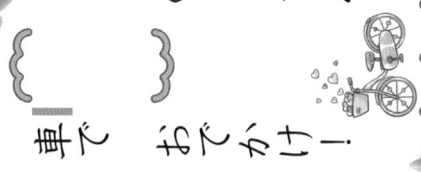

41 かん字の れんしゅう

こたえ111ページ

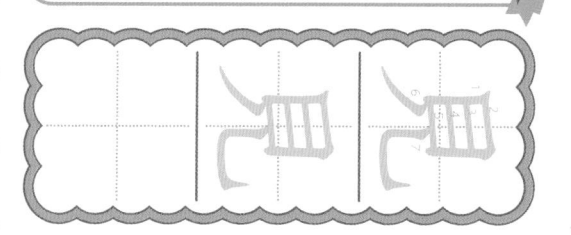

月　日

け1 おぼえよう！

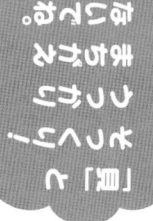

見

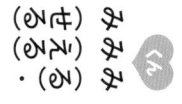

くん
みる
（みえる）
（みせる）

おん
ケン

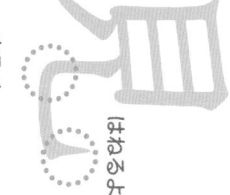

ゆるく
まげよう。

はねるよ。

7かく

一
ｎ
ｎ
ｎ
日
月
見

「見」というかんじは、おぼえやすいですね。

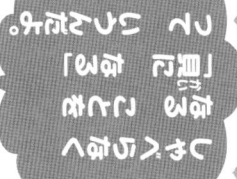

血

くん
ち

すこし
はなして
かこう。

とめるよ。

7かく

一
ｎ
ｎ
ｎ
ｎ
皿
血

「血」のように、なかをつなげてかくと「皿」になってしまいます。

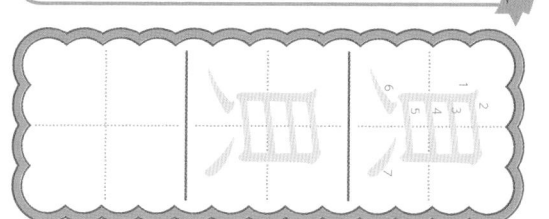

よみとく ちからの テスト

⭐1 よみがなを かいて！

4　まほう（　）かわへ　お月見（　）して見られる

3　（　）には　てじゅ（　）の（　）たろうし

2　じ貝（　）の中（なか）で　しっ（　）しちゃおうに　大（おお）きく

1　しし貝（　）がらしてから　おやくに　しっ（　）

⭐2 かん字を かいて！

1　【　】に　【　】を　まきます　耳（みみ）！

2　ネックレスから　【　】が　あけて　みて！

3　あなたと　あけるしね。空（そら）から　いえへ

4　らいねんの　オルゴールを　みえる！　せるの　ように　まほう。

かんじの れんしゅう

ゆびで お手本を なぞろう！

おん ソン

くん むら

さいごの てんを わすれないでね。

人が あつまって すむ ように なった ところが 「村」だよ。

7かく 一 十 才 木 村 村

おん チョウ

くん まち

「丁」よりも 小さく かくよ。

ちゃんと はねて いるかな？

「田」が 大きく ほう と 「町」が ちがうよ。

7かく 一 二 二 田 田 町 町

ただしく かける かんじ

① よみがなを かこう

1. （　）
村ちょうさんの ひげは サンタクロースみたい。

2. （　）
うさぎ村で ケーキを つくって ティータイム！

3. （　）
となりの 町まで ショッピングに いこう。

4. （　）
アイリスは 町なみが きれいな 本が すきなの。

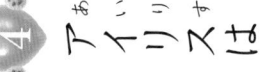

② かんじを かこう

1. くらの うえに □が あるよ！

2. □に チョコレートの 井戸の 水が あるの。

3. ちょうむすうスターの □ちょうさん。

4. ペンギンの □ちょうさんも いるよ！

かんじの れんしゅう

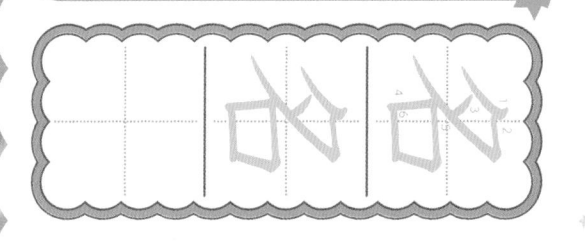

43

かいて おぼえよう！

名

くん　な
おん　メイ・ミョウ

「名まえ」の「名」を おぼえてね。

〈6かく〉
丶 ク タ タ 名 名

名

ななめに ならないように。

竹

くん　たけ
おん　チク

「たけ」は 「竹」の かんじだよ。

〈6かく〉
ノ 一 ケ 竹 竹 竹

竹

右がわだけ はねるのね。

① よみがなを かこう

1. 竹[ちく]やぶの 中[なか]に （　）が かくれて いるの？

2. （　）しょうちくばいの セットが あるんだって。

3. あたらしい （　）ぼうの 名[な]まえは？

4. 本[ほん]名[みょう]を （　）かくして いる 女[じょ]。

② かん字を かこう

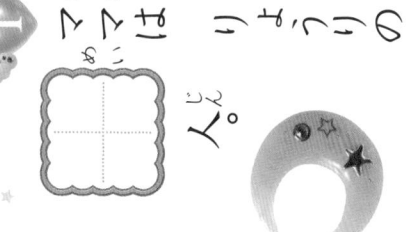

1. ママは まりの
　[　　] 人[じん]。

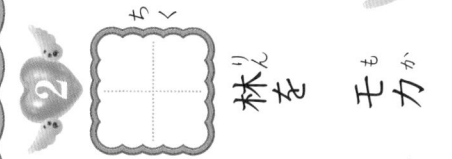

2. [　　] 林[りん]を おさんぽ！ と ももか。

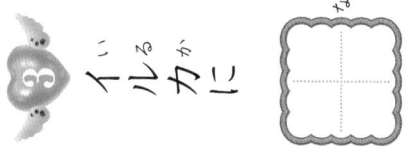

3. いるかに [　　][な] まえを おしえて もらおう。

4. [　　] の コマの [　　] グが ここちよい。 はやりね

かんじの まとめ 44

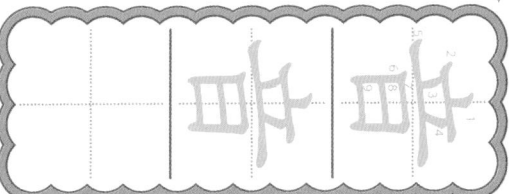

かくとおぼえよう！

日

- おん　ニチ・ジツ
- くん　ひ・（か）

左右の たてぼうの
まん中 あたりに
よこぼうを ひいてね。

4かく　一 冂 日 日

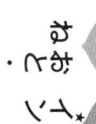

おおきさに きをつけて…「日」「四」「田」と かきわけようね。

音

- おん　オン・（イン）
- くん　おと・ね

すこし うちがわに
むけて かくよ。

9かく　一 亠 立 立 音 音 音 音 音

みぎの「立つ」の「立」と「日にち」の「日」を あわせてね。

よみと かきの れんしゅう

1 よみがなを かこう！

1.
（　　）
円に　　けを
ほしの　かたちに…

2.
じめんに　かいた
（　　）
円の　中（なか）に
とびこんで…

3.
（　　）
この　足音（あしおと）は…
やっぱり　ももカだ…！

4.
（　　）
音（おと）がくに　あわせて
まほうじんを　かくね。

2 かん字を かこう！

1.
一（いち）　□[えん]　玉（たま）より
小さく　なれる。

2.
ピアノの　□[ね]
いろで　どうぶつが
あつまるの。

3.
なみの　□[おと]が
目（め）ざましなの。

4.
□[まる]い　かたちに
カードを　きるよ。

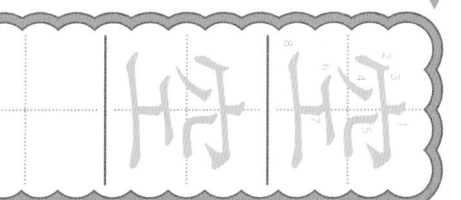
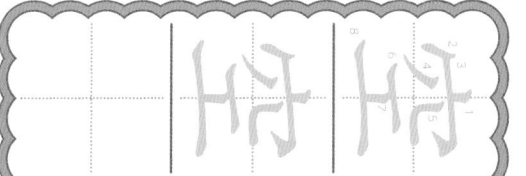

村

くん　むら
おん　ソン

8かく

村
村

カタカナの「ソ」とは
すこし　ちがうね。

雨

くん　あめ
おん　ウ

8かく

雨

てんの　むきに
ちゅうい！

かん字を　おぼえよう！

かん字の　ふくしゅう　★45

こたえ111ページ

月　日

④
（　　）おやつを いれる
空きバコに じゅうに
いきを いれて
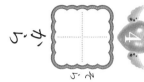

③
いのちを（　　）
いのちの
うつじゅうに

②
雨（あめ）が 天（てん）に（　　）
うえは ほうきの
こたえに 石みの
こたえに

①
雨（あめ）上（あ）がり（　　）
は 上がり ほうきの
石みの
こたえに。

---

④
天（てん）から（そら）
きただおり
きし！
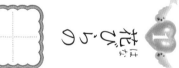

③
ほんの ちゅうの（　　）
くだ した で
およぐ
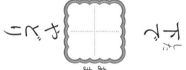

②
下（した）でおよぐ
まるい（　　）
さかなの
あさの
やどり
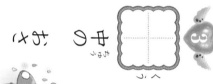

①
花（はな）びらが（　　）
ふぶきの
花びらの
（　　）を

かんじの おけいこ 46

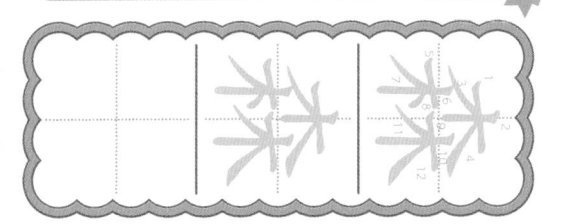

かいて おぼえよう！

「木」が 「林」より おおい 「森」だよ。おぼえてね。

森

くん　もり
おん　シン

12かく

一　十　十　木　木　木　杯　森　森　森　森　森

森

「木」が ミッつ あわさって いるね。

ここは はらわないよ！

「木」が あつまって 「林」に なるのね。

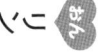

林

くん　はやし
おん　リン

8かく

一　十　十　木　村　材　林

林

たかさを そろえると いいよ。

もり かれの かんじ テスト

1 よみがなを かこう！

1. （　　）
森林には うつくしい ことりが だくさん！

2. （　　）
林の 中で まほうは ダメ！

3. ダイヤの なる 木を （　　） 森で さがす。

4. （　　）
森の おくで まじょの 女子かい！

2 かんじを かこう！

1. □ の おくに はやまむら。

2. □□ は まほうの ちからを ともす。

3. この □ ぶんが かくれんぼ！

4. □ で 木の ようせいが うたって いるよ。

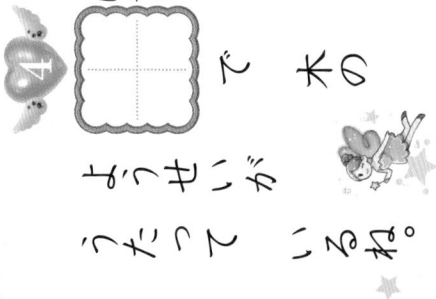

47 かんがえる力をつけよう☆

月 日
こたえ111ページ

アイリスから もらった 手がみの 上に まほうの ジュースを こぼしちゃった！これじゃ じかんと ばしょが わからないよ～！なんて かいて あったのかな。いっしょに かんがえて！

もう！ダリアって 本とうに おっちょこちょいね！

ダリアへ
○○の 上よう日の 夕がた、学校の
ちかくの 木で まほうの れんしゅうを
したいの。いっしょに れんしゅうして くれる？
アイリスより

どうしよう！もとどおりに する まほうは まだ つかえないの！

れんしゅうするのは なんよう日？

どこで？

97

女の子は 恋を して かわいく なれるの！ 小学校で ならう かん字で、
恋する 気もちを あらわせるよ！ 恋も かん字も サキドリ女子に なっちゃお！

いちずな かたおもい……

カレのことが 好きなの。
カレを 思うと 胸が
ドキドキ。
目が あった！
照れちゃうなぁ…。

二人とも
恋する おとめだね！

カレと りょうおもいに……

カレとは 赤い 糸で
結ばれて いたのね。
とっても 幸せな
気もちですわ。
きっと これが 永遠の
愛なのですわ。

わたしは
本が 恋人だよ。

1. じ（　）しゃが（　）ねたら
ジュウ（　）スを（　）
（　）ですよ。

2. こちらの　草（くさ）（　）を
ねこが　かくれて
見（み）つけられ（　）に。

3. 男（おとこ）の子（こ）を
はっ気（き）よく
スナックを　ほうる
まほうの（　）だよ。

4. スナックを（　）
わかる（　）は

5. にいさんと
しての　お休（やす）
みは（　）
ですか？
若（わか）く（　）ちからも
（　）ことが
（　）よ。

6. 見（み）て！
日（ひ）がしの　空（そら）を
（　）！
モカと
わかって！
もカらラてが

7. わたしたちの
日（ひ）はじめて
空（そら）を（　）だけど
（　）よ。

8. わたしたちの
出（で）はんだん
（　）！

9. ハントは
けがとが
うらの（　）石（いし）を
見（み）
きょう上を見

10. で力の
気（き）もちで
耳（みみ）（　）
（　）だぶん

こたえは112ページ

月　日
点
100
1もん5てん

② かん字と おくりがなを かこう （1もん5てん）

1）あさ〔　　〕から まほうの れんしゅう！
（はやく）

2）〔　　〕い ところが ゆきで まっ白！
（こう）

3）〔　　〕かご いっぱいに ブラスを 入れだよ。
（だけ）

4）いの 赤い〔　　〕で ニ人を むすぼう！
（こ）

5）赤〔　　〕まえの じぶんに あいに いこう。
（ねん）

6）〔　　〕だけじゃ なくて あそびも ね。
（まなび）

7）〔　　〕には かわいい ぼうしが あるかな？
（まち）

8）これは ゆう〔　　〕の 出る おまじないよ。

9）〔　　〕ほうが とくいらしいよ。
（およぐ）

10）どっちが 〔　　〕に とくかが しょうぶよ。
（さき）

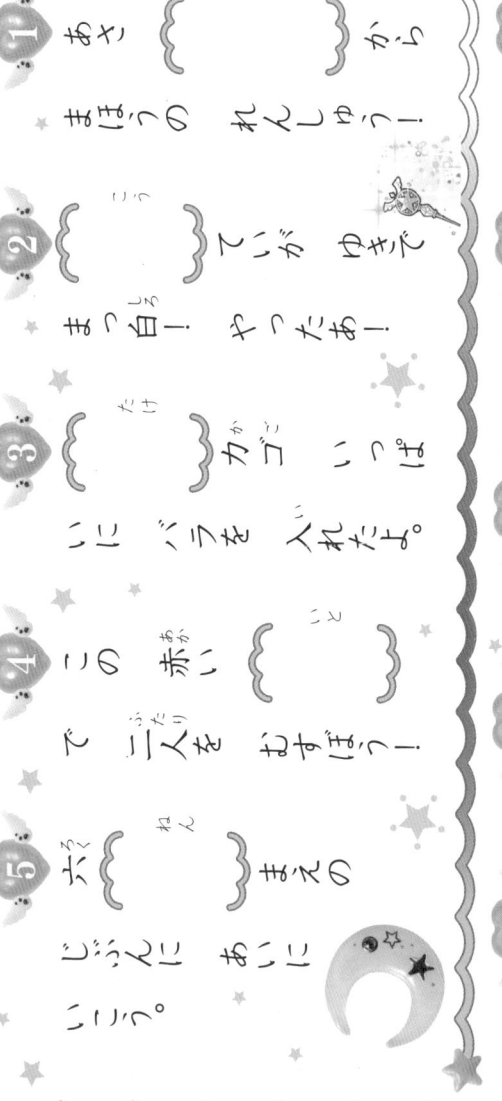
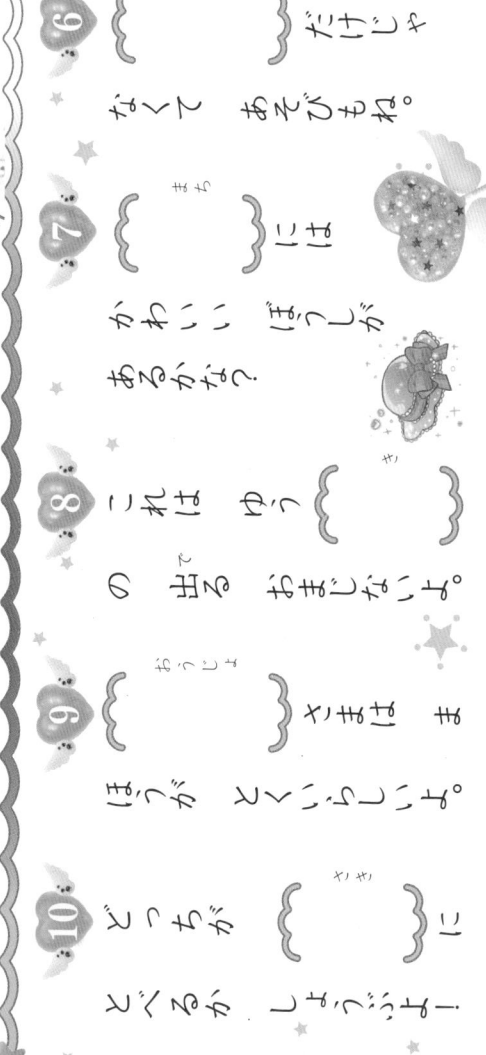

かん字の ふくしゅう ④　49

よみがなを かこう！　1もん 5てん

① （　）日が 生まれた日には、ネックレスを プレゼントして くれた。

② こ（　）の ネックレスは まるで スケートの リンクのよう！

③ に（　）の すべるように およぐ。 まわりの みんなが 目を ひらく！ 右（　）左（　）

④ む（　）の ように おもしろい！ そんなに 虫がすき？

⑤ お（　）が さいたよ！ とっても きれいだね！ あなたに あげる。

⑥ とら（　）の 子が あなから とびだした 犬！ とらかと おもいきや とびだしたのは 犬！

⑦ （　）へび！ 森の 中に？

⑧ 休（　）は パソコンの ゲームを して あそぶ。 パソコンの エイムは？

⑨ あか！ （　）が 文（　）ある よに あるとき おかあに かいた 文字

⑩ のこ（　）の もんだい したの足で あるいて いますね。 たべた足で あるくこと あるこね。

月　日　/100
こたえ112ページ

かん字と おくりがなを かこう！　1もん5てん

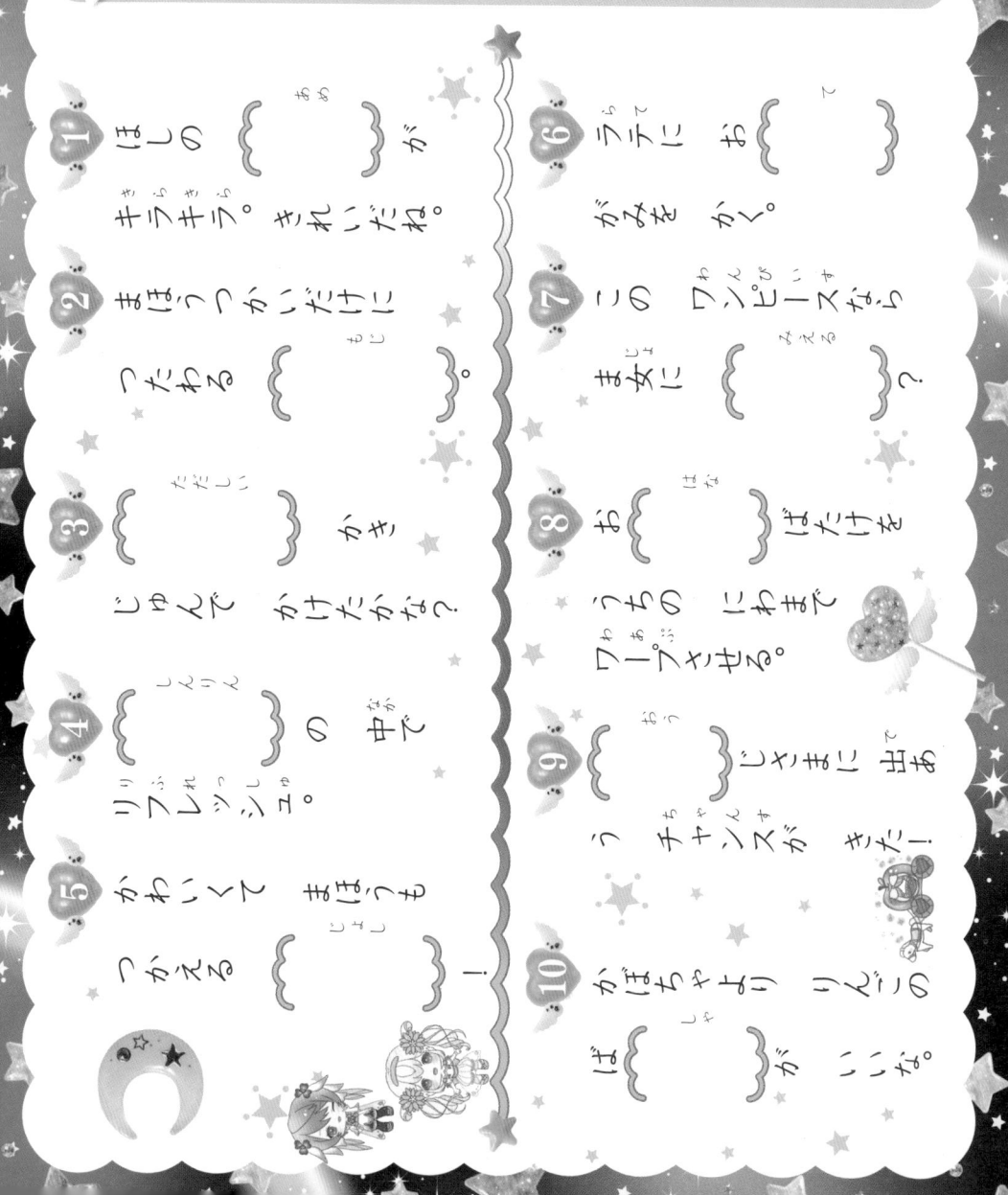

① よみがなを かこう　1もん5てん

1　田んぼの 上（うえ）を とんぼ と とびだしな。

2　おばあちゃんは 小（ちい）さな 村（むら）で 生まれたのよ。

3　田（た）いに いけを したのは しずくが だれ？

4　げん気（き）な ダリアは えがおが にあうね。

5　小（ちい）さい 貝（かい）がらを あつめて いるの。

6　右（みぎ）の イヤリングを 耳（みみ）に つける。

7　シャボン玉（だま）で ポーンと とばしよ！

8　アイリスって 名（な）まえが おきに入（い）りなの。

9　青（あお）い ガラスの くつで ダンスしようよ。

10　本音（ほんね）で はなせば せっこと わかりあえるよ。

② かん字と おくりがなを かこう。　1もん5てん

1　ここでは どうぶつも
　　二本足で（　　　）よ。

2　（がっこう）に ひるの
　　ドラマが あるらしい。

3　（おと）に あわせて
　　どうぶつが おどります。

4　青い トマトも すぐに
　　（　　　）で せます。

5　ここの（こうすい）は
　　フルーツの かおりね。

6　アイリスは（　　　）ます
　　ももが ながく
　　モデルみたい。

7　チョコが（　　）の
　　うえに のっちゃった。

8　（しろ　）を くるを
　　わたがしに しちゃおう！

9　（せんせい）にも 子ども
　　の ころが あったの。

10　人ぎょうの すな おしろ
　　に（　　　）ぱい！

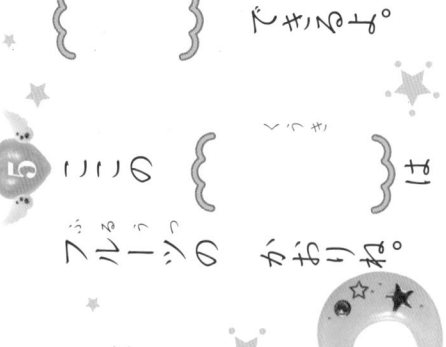

こたえ

1 かずと かたち の れんしゅう P.6

1 ①こ ち ②ひ と
③ふ た ④に

2 ①一 ②二
③二 ④一

2 かずと かたち の れんしゅう P.8

1 ①み ②きん
③し ④よん

2 ①三 ②四
③三 ④四

3 かずと かたち の れんしゅう P.10

1 ①ご ②こつ
③むこ ④ろく

2 ①六 ②六
③五 ④五

4 かずと かたち の れんしゅう P.12

1 ①しち ②なの
③やつ ④はち

2 ①七 ②八 ③七 ④八

5 かずと かたち の れんしゅう P.14

1 ①じゅう ②いいの
③とお ④きゅう

2 ①九 ②十
③十 ④九

6 かずと かたち の れんしゅう P.16

1 ①ひゃく ②せん
③ひゃく ④せん

2 ①百 ②千
③百 ④千

アドバイス

☆③「百から」と声がつまっていう
ように注意しましょう。

7 かずと かたち の れんしゅう P.18

1 ①ちい ②しょう
③おお ④だい

2 ①大 ②小
③大 ④小

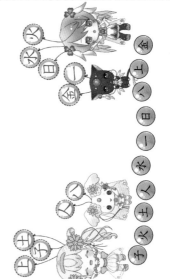

20 かん字の ふくしゅう② P.43 P.44

1　①じゅう　②あま　③き
　④よにん　⑤りょく　⑥あ
　⑦つち　⑧にち・び
　⑨にん　⑩おつか

2　①百　②大　③三日月
　④火　⑤川下り
　⑥中　⑦天　⑧九月
　⑨小さい　⑩金

アドバイス

☆⑤送りがなを「下だり」としないように注意しましょう。

21 よみと かきの れんしゅう P.46

1　①くち　②ぐち
　③みみ　④みみ

2　①口　②耳　③耳　④口

22 よみと かきの れんしゅう P.48

1　①て　②しゅ
　③だ　④あし

2　①足　②手　③手　④足

23 よみと かきの れんしゅう P.50

1　①め　②もく
　③いぬ　④いぬ

2　①目　②犬
　③目　④犬

24 よみと かきの れんしゅう P.52

1　①おう　②だま
　③おう　④だま

2　①玉　②玉
　③玉　④玉

25 よみと かきの れんしゅう P.54

1　①も　②ぶん
　③で　④しゅつ

2　①文　②出
　③文　④出

26 よみと かきの れんしゅう P.56

1　①おとこ　②だん
　③おんな　④じょ

2　①女　②男　③男　④女

27 よみと かきの れんしゅう P.58

1. ①ひだり ②ひだり ③みぎ ④きゅう
2. ①左 ②右 ③左右 ④右

28 よみと かきの れんしゅう P.60

1. ①ただ ②しょう ③いし ④せき
2. ①正 ②石 ③正 ④石

29 かんがえる 力を つけよう③ P.61

30 よみと かきの れんしゅう P.64

1. ①あか ②せき ③あお ④あお
2. ①赤 ②青 ③赤 ④青

31 よみと かきの れんしゅう P.66

1. ①しろ ②はく ③でん ④た
2. ①田 ②田 ③白 ④白

32 よみと かきの れんしゅう P.68

1. ①ほん ②もと ③りつ ④だ
2. ①本 ②本 ③立 ④立

33 よみと かきの れんしゅう P.70

1. ①き ②け ③きゅう ④やす
2. ①休 ②休 ③気 ④気

34 よみ かきの れんしゅう P.72

1 ①こと ②じ
③こと ④じ

2 ①糸 ②字 ③糸 ④字

35 よみ かきの れんしゅう P.74

1 ①はや ②はや
③むし ④ちゅう

2 ①虫 ②早
③虫 ④早

36 よみ かきの れんしゅう P.76

1 ①まな ②がっこう
③こう ④こう

2 ①校 ②学
③校 ④学

37 よみ かきの れんしゅう P.78

1 ①さき ②せん
③こ ④う

2 ①先生 ②生
③先 ④生

38 かんがえる ちからを つけよう P.79

赤 あか
白 しろ
青 あお
木 もく
花 はな
月 げつ
火 ひ
日 にち

39 よみ かきの れんしゅう P.82

1 ①はな ②か
③くさ ④そう

2 ①花 ②草
③花 ④草

40 よみ かきの れんしゅう P.84

1 ①ねん ②とし
③くるま ④しゃ

2 ①車 ②年
③年 ④車

41 よみ かきの れんしゅう P.86

1 ①かい ②かい ③み ④けん

2 ①貝 ②貝 ③見 ④見

42 よみ かきの れんしゅう P.88

1 ①そん ②むら ③まち ④ちょう

2 ①村 ②町 ③町 ④村

43 よみ かきの れんしゅう P.90

1 ①だけ ②ちく ③な ④みょう

2 ①名 ②竹 ③名 ④竹

44 よみ かきの れんしゅう P.92

1 ①まる ②えん ③おと ④おん

2 ①円 ②音 ③音 ④円

45 よみ かきの れんしゅう P.94

1 ①あめ ②う ③あ ④から

2 ①雨 ②雨 ③空 ④空

46 よみ かきの れんしゅう P.96

1 ①しんりん ②はやし ③もり ④もり

2 ①林 ②森林 ③森 ④林

47 かんがえる ちからを つけよう5 P.97

48 かん字の ふくしゅう③ P.99 P.100

1
①ぐち ②くび ③おもい
④きゅう ⑤やす ⑥て
⑦そら ⑧で
⑨こし ⑩みみ

2
①早く ②校 ③竹
④糸 ⑤年 ⑥学び ⑦町 ⑧気
⑨王女 ⑩先

アドバイス
☆④「左」と「右」の一画目はまちがえやすいので確認しておきましょう。

49 かん字の ふくしゅう④ P.101 P.102

1
①じょう ②もく
③ひだり ④むし ⑤はな
⑥こぬ ⑦もり
⑧きゅう ⑨ぶん ⑩あし

2
①雨 ②文字
③正しい ④森林 ⑤女子
⑥手 ⑦見える
⑧花 ⑨王 ⑩事

アドバイス
部首に注目することも、漢字の学習では大切です。

50 かん字の ふくしゅう⑤ P.103 P.104

1
①だ ②むら ③まる
④き ⑤かい
⑥みぎ ⑦だま ⑧な
⑨おお ⑩ほんね

2
①立つ ②学校 ③音
④赤く ⑤空気
⑥手足 ⑦口
⑧白い ⑨先生 ⑩出

アドバイス
熟語になることで音が濁ったりすることがあります。漢字は熟語の形でも練習しましょう。